DAS RECHT DES GUTGLÄUBIGEN UND DES DIESEM GLEICH ZU BEHANDELNDEN EHEGATTEN BEI NICHTIGKEIT DER EHE

NACH §§ 1345—1347, 1351 BGB.

VON

DR. IUR. GEORG KIESSLING.

LEIPZIG.
VERLAG VON VEIT & COMP.
1911.

DAS RECHT DES GUTGLÄUBIGEN UND DES DIESEM GLEICH ZU BEHANDELNDEN EHEGATTEN BEI NICHTIGKEIT DER EHE

NACH §§ 1345—1347, 1351 BGB.

VON

DR. IUR. GEORG KIESSLING.

LEIPZIG.
VERLAG VON VEIT & COMP.
1911.

Inhalt.

Angabe der benutzten Literatur.

BGB., Kommentar von Reichsgerichtsräten. Das Bürgerliche Gesetzbuch mit besonderer Berücksichtigung der Rechtsprechung des Reichsgerichts, erläutert von Hoffmann u. a., Reichsgerichtsräten. Nürnberg und Leipzig 1910. (Angezogen als „Reichsgerichtsräte".)

de Boor, Die Rechtsfolgen einer materiell nichtigen Ehe nach dem Bürgerlichen Gesetzbuch. Rostocker Dissertation. Borna-Leipzig 1905.

Buhl, Nichtigkeit und Anfechtbarkeit der Ehe nach dem Bürgerlichen Gesetzbuche, in der Festgabe der Heidelberger Juristenfakultät für Immanuel Bekker. Berlin 1899. S. 137ff.

Cosack, Lehrbuch des Deutschen bürgerlichen Rechts auf der Grundlage des Bürgerlichen Gesetzbuchs. Zweiter Band. Vierte Auflage. Jena 1904.

Crome, System des Deutschen Bürgerlichen Rechts. Vierter Band. Immaterialgüterrechte — Familienrecht. Tübingen 1908.

Denkschrift zum Entwurf eines Bürgerlichen Gesetzbuchs nebst drei Anlagen. J. Guttentag, Verlagsbuchhandlung. Berlin 1896.

Dernburg, Das bürgerliche Recht des Deutschen Reichs und Preußens. Vierter Band. Deutsches Familienrecht. Vierte Auflage. Halle a. S. 1908.

—, Wiederverheiratung im Falle der Todeserklärung eines Gatten, in der Festschrift für den XXVI. Deutschen Juristentag. Berlin 1902. S. 1ff.

Endemann, Lehrbuch des Bürgerlichen Rechts. Einführung in das Studium des Bürgerlichen Gesetzbuchs. Zweiter Band. Zweite Abteilung: Familienrecht. Achte und neunte Auflage. Berlin 1908.

Entscheidungen des Reichsgerichts in Zivilsachen. Neue Folge. Siebzehnter Band. Der ganzen Reihe siebenundsechzigster Band. Leipzig 1908.

Entwurf eines bürgerlichen Gesetzbuchs für das Deutsche Reich. Erste Lesung. Ausgearbeitet durch die von dem Bundesrate berufene Kommission. Amtliche Ausgabe. Berlin und Leipzig. J. Guttentag. 1888.

Entwurf eines bürgerlichen Gesetzbuchs für das Deutsche Reich. Zweite Lesung. Nach den Beschlüssen der Redaktionskommission. Auf amtliche Veranlassung. J. Guttentag, Verlagsbuchhandlung. Berlin. 1895.

Erler, Ehescheidungsrecht und Ehescheidungsprozeß einschließlich der Nichtigkeitserklärung der Ehe im Deutschen Reiche. Berlin 1900.

FISCHER, Über die Erfordernisse einer Putativehe und die Anwendbarkeit dieses Institutes auf den Fall einer wegen Mängel in der durch das Reichsgesetz vom 6. Februar 1875 vorgeschriebenen Form ungültigen Zivilehe, in Beiträge zur Erläuterung des Deutschen Rechts, begründet von GRUCHOT. Dritte Folge. Fünfter Jahrgang. (Der ganzen Reihe der Beiträge XXV. Jahrgang.) Berlin 1881. S. 69ff.

—, Die Ungültigkeit der Ehe und ihre Folgen, insbesondere bei Formmängeln, in Jahrbücher für die Dogmatik des heutigen römischen und deutschen Privatrechts, herausgegeben von v. JHERING. Neunundzwanzigster Band. Neue Folge XVII. Band. Jena 1890. S. 248ff.

FRIEDBERG, Lehrbuch des katholischen und evangelischen Kirchenrechts. Fünfte Auflage. Leipzig 1903.

GERNSHEIM, Die Ersetzungsbefugnis (facultas alternativa) im Deutschen bürgerlichen Recht, in Rechts- und Staatswissenschaftliche Studien, veröffentlicht von EBERING. Heft XXXII. Berlin 1906.

GRÜTZMANN, Lehrbuch des Königlich Sächsischen Privatrechts. 2. Band. Recht der Forderungen, Familienrecht, Erbschaftsrecht. Leipzig 1889.

HABICHT, Die Einwirkung des Bürgerlichen Gesetzbuchs auf zuvor entstandene Rechtsverhältnisse. Dritte Auflage. Jena 1901.

HACHENBURG, Das Bürgerliche Gesetzbuch für das Deutsche Reich. Vorträge. Zweite Auflage. Mannheim 1900.

HELLWIG, Wesen und subjektive Begrenzung der Rechtskraft. Leipzig 1901.

HÖLDER, Kommentar zum Allgemeinen Teil des Bürgerlichen Gesetzbuches. München 1900.

JACOBI, Das persönliche Eherecht des Bürgerlichen Gesetzbuches für das Deutsche Reich, in Das Recht des Bürgerlichen Gesetzbuches in Einzeldarstellungen. Berlin 1896.

LANGHEINEKEN, Der Urteilsanspruch. Ein Beitrag zur Lehre vom Klagrecht. Leipzig 1899.

—, Anspruch und Einrede nach dem Deutschen Bürgerlichen Gesetzbuche. Leipzig 1903.

LESKE, Vergleichende Darstellung des Bürgerlichen Gesetzbuches für das Deutsche Reich und des Preußischen Allgemeinen Landrechts. Zweite Hälfte: Familienrecht — Erbrecht. Erste und zweite Auflage. Berlin 1903.

LEWIN, Der Schutz des gutgläubigen Dritten und des gutgläubigen Ehegatten bei Nichtigkeit der Ehe. Jenaer Dissertation. Berlin 1909.

MATTHIASS, Lehrbuch des Bürgerlichen Rechts mit Berücksichtigung des gesamten Reichsrechts. Fünfte Auflage. Berlin 1910.

MAYER-REIS, Lehrbuch des Familien- und Erbrechts. Erster Band. Das Familien- und Vormundschaftsrecht. Vierte Auflage, besorgt von HAIDLEN. Berlin-Stuttgart-Leipzig 1907.

MITTEIS, Zwei Fragen aus dem Bürgerlichen Recht. I. Nichtigkeitserklärung der Ehe nach Scheidung. Leipziger Dekanatsprogramm vom Jahre 1905.

Motive zu dem Entwurfe eines Bürgerlichen Gesetzbuches für das Deutsche Reich. Band IV. Familienrecht. Amtliche Ausgabe. Berlin und Leipzig. Verlag von J. GUTTENTAG. 1888.

Motive zu dem Entwurfe eines Einführungsgesetzes zum Bürgerlichen Gesetzbuche für das Deutsche Reich. Amtliche Ausgabe. Berlin und Leipzig. Verlag von J. GUTTENTAG. 1888.

NEUMANN, Handausgabe des Bürgerlichen Gesetzbuchs für das Deutsche Reich. Fünfte Auflage. Berlin 1909.

NIEDNER, Das Einführungsgesetz vom 18. August 1896, im Kommentar zum Bürgerlichen Gesetzbuche, herausgegeben von BIERMANN u. a. Berlin 1899.

OERTMANN, Kommentar zum Bürgerlichen Gesetzbuche und seinen Nebengesetzen. Bürgerliches Gesetzbuch.
Erstes Buch. Allgemeiner Teil. Zweite Auflage von GAREIS. Berlin 1908. Zweites Buch. Recht der Schuldverhältnisse. Dritte und vierte Auflage. Berlin 1910.

OPET und v. BLUME, Das Familienrecht des Bürgerlichen Gesetzbuches. Erster und zweiter Abschnitt. Bürgerliche Ehe. Verwandtschaft. Berlin 1906.

PESCATORE, Die Wahlschuldverhältnisse, in Abhandlungen zum Privatrecht und Zivilprozeß des Deutschen Reiches, in zwanglosen Heften herausgegeben von FISCHER. Dreizehnter Band, 1. Heft. München 1905.

PLANCK, Bürgerliches Gesetzbuch nebst Einführungsgesetz. Dritte Auflage. Erster, zweiter, vierter und sechster Band. Berlin 1903, 1907, 1906 und 1905.

Protokolle der Kommission für die zweite Lesung des Entwurfs des Bürgerlichen Gesetzbuches. Im Auftrage des Reichs-Justizamtes bearbeitet von ACHILLES, GEBHARD, SPAHN. Band IV (Familienrecht) und Band VI. Berlin. J. GUTTENTAG, Verlagsbuchhandlung. 1897 und 1899.

SAUER, Das Deutsche Eheschließungs- und Ehescheidungsrecht. München und Berlin 1909.

SCHMIDT-HEDEMANN-FUCHS, Familienrecht. Erster Abschnitt. Die bürgerliche Ehe. Erläutert von Schmidt. München 1907.

SECKEL, Die Aufhebung und die Wiederherstellung der ehelichen Gemeinschaft nach dem Bürgerlichen Gesetzbuche, in der Festgabe der Berliner Juristenfakultät für HEINRICH DERNBURG. Berlin 1900.

v. STAUDINGER, Kommentar zum Bürgerlichen Gesetzbuch und dem Einführungsgesetze. I., II. und IV. Band. 5. u. 6. Auflage. München und Berlin 1910.

THIESING, Die Wirkungen nichtiger Ehen, in Abhandlungen zum Privatrecht und Zivilprozeß des Deutschen Reiches, in zwanglosen Heften herausgegeben von FISCHER. Sechzehnter Band, 1. Heft. München 1907.

WEYL, Das Wahlrecht der Ehegatten bei Nichtigkeit oder Anfechtbarkeit der Ehe (§§ 1345 ff. BGB.), in SEUFFERT's Blätter für Rechtsanwendung. LXXII. Band. Nürnberg 1907. S. 563 ff., 611 ff.

WIERUSZOWSKI, Handbuch des Eherechts mit Ausschließung des Eheschließungs- und Ehescheidungsrechts. Band I, Die Allgemeinen Wirkungen der Ehe, Düsseldorf 1900, und Band II, Das eheliche Güterrecht, Düsseldorf 1904.

ZACHARIÄ VON LINGENTHAL, Handbuch des Französischen Zivilrechts, bearbeitet von CROME. Achte Auflage. Dritter Band. Freiburg i. B. 1895.

Die ohne Zusatz angezogenen Paragraphen bezeichnen die Paragraphen des Bürgerlichen Gesetzbuches (BGB.).

§ 1.

Einleitung und Begriff der nichtigen Ehe.

Ein nichtiges Rechtsgeschäft vermag seinem Begriffe nach irgendwelche Rechtswirkungen nicht hervorzubringen. Denn Nichtigkeit des Rechtsgeschäftes bedeutet Negation der Existenz des Geschäftes als Rechtsgeschäft. Aus einem für die Rechtsordnung nicht bestehenden Geschäfte können aber auch keinerlei rechtliche Wirkungen entstehen. Dem nichtigen Rechtsgeschäfte ist das anfechtbare Rechtsgeschäft hierin gleichzustellen, sobald es wirksam angefochten worden ist, und zwar alsdann sowohl für die Zeit nach wie auch für die Zeit vor erfolgter Anfechtung. Denn bis zu seiner Anfechtung besteht zwar das anfechtbare Rechtsgeschäft an und für sich zu Recht, bis zu diesem Zeitpunkte ist es, im Gegensatze zum nichtigen Rechtsgeschäfte, das nur als Tatsache besteht, auch rechtlich vorhanden und erzeugt vorläufig die gewöhnlichen Rechtswirkungen. Zufolge der erfolgten Anfechtung ist das Rechtsgeschäft indessen so anzusehen, als ob es nie bestanden hätte, es fallen mithin auch die Folgen, die aus ihm entstanden sind, nach rückwärts hin in sich zusammen, mit anderen Worten: die Anfechtung hat rückwirkende Kraft (vgl. § 142).

Dieser für die nichtigen Rechtsgeschäfte im allgemeinen nach dem Bürgerlichen Gesetzbuche anzuerkennende Grundsatz der Nicht-Hervorbringung eines rechtlichen Erfolges müßte an sich auch auf die Eheschließung Anwendung finden. Denn auch die Eheschließung ist, rechtlich betrachtet, nach der ihr durch das Bürgerliche Gesetzbuch in § 1317 gegebenen Form — übereinstimmende Willenserklärungen zweier Personen — ein zweiseitiges Rechtsgeschäft, ein Vertrag. Eine nichtige sowie eine anfechtbare und angefochtene Ehe müßten daher an sich als nicht geschlossen, als vor dem Rechte nicht geltend anzusehen und infolgedessen auch mit keinerlei Rechtswirkungen ausgestattet sein. Allein das Bürgerliche Gesetzbuch hat hier von dem Grundsatze der Nichtigkeit insofern Ausnahmen geschaffen, als es unter gewissen Voraussetzungen an die nichtige Ehe Rechtsfolgen knüpft, die an sich nur eine gültige Ehe hervorzubringen vermag, wie es denn überhaupt für die Nichtigkeit und Anfechtbarkeit der Ehe besondere und von den allgemeinen Vorschriften über die Nichtigkeit und Anfechtbarkeit der Rechtsgeschäfte in mehrfacher Beziehung nicht unwesentlich abweichende Regeln aufgestellt hat.

Wie bei den Rechtsgeschäften im allgemeinen unterscheidet das Bürgerliche Gesetzbuch auch bei der Ehe — im praktischen Ergebnisse im wesentlichen der dem kanonischen Rechte entlehnten Unterscheidung der Mehrzahl der früheren Rechte zwischen den mit öffentlichen trennenden und den mit privaten trennenden Hindernissen behafteten Ehen entsprechend — zwischen nichtigen und anfechtbaren Ehen.[1] Von den gewöhnlichen Regeln der Nichtigkeit weicht es jedoch insbesondere zunächst insofern ab, als es die Gründe, aus denen eine Ehe nichtig ist, nicht unerheblich einschränkt. Der § 1323 bestimmt, daß eine Ehe nur in den vom Gesetze ausdrücklich und zwar in den §§ 1324 bis 1328 aufgeführten Fällen nichtig ist.[2] Als — teils auf formellen, teils auf materiellen

[1] Das Gesetz spricht hierbei ungenau, jedoch im Einklange mit dem Sprachgebrauche der bisherigen Rechte von nichtiger und anfechtbarer „Ehe“. Denn nichtig und anfechtbar ist nicht die sich als ein Rechtsverhältnis darstellende Ehe selbst, sondern das dieses Verhältnis begründende Rechtsgeschäft der Eheschließung, der Eheschließungsvertrag. Wegen seiner Kürze soll jedoch der Ausdruck nichtige „Ehe“, wie bisher, so auch im folgenden gebraucht werden. Er entspricht auch der Sprachweise des gewöhnlichen Lebens und läßt Mißverständnisse nicht befürchten (vgl. Motive Bd. IV S. 47).

[2] Daß es sich hierbei um ein Verhältnis handeln muß, das nach dem natürlichen Begriffe der Ehe überhaupt eine Ehe sein kann, ist nach den Motiven — Bd. IV S. 47, 48 — als selbstverständlich vorausgesetzt. So ist eine Verbindung zwischen Personen des gleichen Geschlechts rechtlich überhaupt keine Ehe im Sinne des § 1323, da es hier an einer begrifflichen Voraussetzung derselben, der Verschiedenheit des Geschlechts der die „Ehe“ eingehenden Personen mangelt, mag auch sonst die Form des § 1317 eingehalten und eine Eintragung in das Heiratsregister erfolgt sein.

Mängeln des Rechtsgeschäfts der Eheschließung beruhende — Gründe der Nichtigkeit kommen hiernach in Betracht: Nichtbeobachtung der in § 1317 vorgeschriebenen Form bei der Eheschließung (§ 1324 Abs. 1), Geschäftsunfähigkeit oder Bewußtlosigkeit oder vorübergehende Störung der Geistestätigkeit eines der Ehegatten zur Zeit der Eheschließung (§ 1325 Abs. 1), das Entgegenstehen einer gültigen Ehe (§ 1326), das Ehehindernis der Verwandtschaft und Schwägerschaft nach § 1310 Abs. 1 (§ 1327) und das Ehehindernis des Ehebruches nach § 1312 (§ 1328 Abs. 1). Dagegen scheiden, wie sich aus der erschöpfenden Aufzählung in § 1323 ergibt, die für die Nichtigkeit der Willenserklärungen im allgemeinen in den §§ 116 bis 118 aufgestellten Gründe als Nichtigkeitsgründe für die Ehe aus. Daher ist der von dem einen Ehegatten mit Kenntnis des anderen Ehegatten bei der Eheschließung gemachte geheime Vorbehalt, die Ehe nicht eingehen zu wollen, ohne jeden Einfluß auf die Gültigkeit der Eheschließung (vgl. § 116 S. 2). Ebensowenig berührt es die Gültigkeit der Ehe, wenn die Erklärung des einen der Eheschließenden mit Einverständnis des anderen nur zum Schein abgegeben worden ist (vgl. § 117). Kein Verlobter kann geltend machen, daß seine Erklärung nicht ernstlich gemeint gewesen und von ihm in der Erwartung abgegeben worden sei, der Mangel der Ernstlichkeit werde nicht verkannt werden (vgl. § 118). Und auch ein Verstoß gegen die guten Sitten bei der Eheschließung vermag, entgegen der allgemeinen Vorschrift des § 138, den Eheschließungsvertrag nicht ungültig zu machen.

In gleicher Weise wie für die Nichtigkeit sind auch für die Anfechtbarkeit der Ehe die Gründe im Gesetze besonders und erschöpfend bestimmt, aus denen eine Ehe angefochten werden kann (§ 1330). Als solche Gründe gelten nach der Aufzählung in den §§ 1331 bis 1335 und im § 1350: beschränkte Geschäftsfähigkeit des einen Ehegatten zur Zeit der Eheschließung oder im Falle der Bestätigung einer während der Geschäftsunfähigkeit geschlossenen Ehe zur Zeit der Bestätigung bei mangelnder Einwilligung des gesetzlichen Vertreters zur Eheschließung oder zur Bestätigung (§ 1331), auf Irrtum beruhender Mangel der Übereinstimmung des wirklichen Willens mit dem erklärten Willen

(§ 1332), Irrtum des einen Ehegatten bei der Eheschließung über die Person des anderen Ehegatten oder über solche persönliche Eigenschaften des anderen Ehegatten, die ihn bei Kenntnis der Sachlage und bei verständiger Würdigung des Wesens der Ehe von der Eingehung der Ehe abgehalten haben würden (§ 1333), Bestimmung des einen Teiles zur Eingehung der Ehe durch arglistige Täuschung über solche Umstände, die ihn bei Kenntnis der Sachlage und bei verständiger Würdigung des Wesens der Ehe von der Eingehung der Ehe abgehalten haben würden (§ 1334 Abs. 1), widerrechtliche Bestimmung zur Eingehung der Ehe durch Drohung (§ 1335) und Irrtum über das Leben des für tot erklärten Ehegatten einer früheren Ehe (§ 1350 Abs. 1).

Eine weitere Abweichung von den allgemeinen Grundsätzen über die Nichtigkeit und Anfechtbarkeit liegt in der Aufstellung von besonderen Bestimmungen für die Geltendmachung der Nichtigkeit und Anfechtbarkeit bei der Ehe. Während die Nichtigkeit anderer Rechtsgeschäfte, entsprechend dem Begriffe der Nichtigkeit als einer rechtlichen Nichtexistenz, unbeschränkt, d. h. von jedermann, zu jeder Zeit und in jedem Verfahren geltend gemacht werden kann, kann nach § 1329 die Geltendmachung der Nichtigkeit der Ehe, solange diese nicht für nichtig erklärt oder aufgelöst ist, nur im Wege der in einem besonderen Verfahren (vgl. § 606ff. ZPO.) zu erhebenden und nur bestimmten Personen (vgl. § 632 Abs. 1 ZPO.) zustehenden Nichtigkeitsklage erfolgen. Ebenso bedarf es zur Geltendmachung der Anfechtbarkeit der Ehe, im Gegensatze zu den sonstigen Rechtsgeschäften, bei denen die Anfechtung durch — formlose — Erklärung gegenüber dem Anfechtungsgegner zu geschehen hat, einer besonderen Form und zwar, solange nicht die Ehe aufgelöst ist, der Anfechtungsklage (§ 1341 Abs. 1), nach Auflösung der Ehe durch den Tod des nicht anfechtungsberechtigten Ehegatten der Erklärung gegenüber dem Nachlaßgerichte in öffentlich beglaubigter Form (§ 1342 Abs. 1).

Während ferner die Nichtigkeit der Rechtsgeschäfte grundsätzlich unheilbar ist, ist bei der Ehe eine Heilung der Nichtigkeit in weitem Umfange zugelassen. So ist nach § 1324 Abs. 2 eine wegen Nichtbeobachtung der für die Eheschließung vorgeschriebenen Form nichtige, aber in das Heiratsregister eingetragene Ehe als von Anfang an gültig anzusehen, wenn die Ehegatten nach der Eheschließung zehn Jahre oder bis zu dem früher erfolgten Tode eines von ihnen, jedoch wenigstens drei Jahre als Ehegatten miteinander gelebt haben, ohne daß vorher die Nichtigkeitsklage erhoben war. Das Gleiche gilt für eine wegen Geschäftsunfähigkeit, Bewußtlosigkeit oder vorübergehender Störung der Geistestätigkeit des einen Ehegatten zur Zeit der Eheschließung nichtige Ehe, wenn der Ehegatte sie nach dem Wegfalle des Nichtigkeitsgrundes — formlos — bestätigt, bevor sie für nichtig erklärt oder aufgelöst worden ist (§ 1325 Abs. 2). Auch wird eine Ehe, die wegen Ehebruches nichtig ist, wenn nachträglich Befreiung von dem Ehehindernisse bewilligt wird, mit rückwirkender Kraft gültig (§ 1328 Abs. 2).

Alle die für die Nichtigkeit der Ehe geltenden besonderen Bestimmungen finden jedoch keine Anwendung auf eine Ehe, bei deren Eingehung die nach § 1317 wesentlichen Formvorschriften nicht beobachtet worden sind, und bei der auch keine Eintragung in das Heiratsregister erfolgt ist.[1] Zwar verwendet das Bürgerliche Gesetzbuch auch für eine solche Ehe den Ausdruck „nichtige Ehe“, es behandelt jedoch diese „Nichtehe“ — diese Bezeichnung Dernburg's[2] für diese Art der Ehe im Gegensatze zu den aus den oben angeführten Gründen „nichtigen Ehen“ soll als den begrifflichen Unterschied am besten wiedergebend hier gewählt werden[3] — nirgends als nichtige Ehe, unterstellt sie vielmehr schlechthin den allgemeinen Grundsätzen über die Nichtigkeit. Eine solche Ehe vermag daher durch ihren Abschluß keinerlei einer gültigen Ehe eigentümlichen Wirkungen hervorzubringen, ein jeder kann sich unbeschränkt auf ihre Nichtigkeit berufen, auch kann die Ehe nie zu einer gültigen Ehe erwachsen. Dagegen haben gegenüber dieser Nichtehe als nichtige Ehen in

---

[1] Vgl. die §§ 1324 Abs. 2, 1329 S. 2.

[2] Dernburg, Familienrecht § 20 S. 67f., derselbe, Wiederverheiratung S. 15f.

[3] Über die anderen in der Literatur vorgeschlagenen Bezeichnungen für diese beiden Arten von Ehen und über die gegen diese Bezeichnungen zu erhebenden Einwendungen und Bedenken vgl. Thiesing a. a. O. S. 84, 85.

dem eben erwähnten Sinne auch die anfechtbaren und angefochtenen Ehen zu gelten, da sie, sobald die Anfechtung erfolgt, nach § 1343 Abs. 1 als von Anfang an nichtig anzusehen sind, wie denn auch das Bürgerliche Gesetzbuch, wenn es allgemein von nichtigen Ehen spricht, darunter auch die anfechtbaren und angefochtenen Ehen mit begreift.

Die besondere Behandlung, die die Ehe hiernach im Bürgerlichen Gesetzbuche erfahren hat, erklärt sich einmal aus der geschichtlichen Entwicklung, die das Institut der Ehe, namentlich unter dem Einflusse der Kirche, im Laufe der Jahrhunderte genommen hat, dann aber auch aus dem ganzen Wesen der Ehe und ihrer Bedeutung für das Rechtsleben überhaupt. Der Staat hat ein großes Interesse daran, daß die Ehe als Grundlage der Familie, der gesellschaftlichen Ordnung und damit — mittelbar — des Staates selbst möglichst bei Bestand erhalten bleibt. Er darf daher die Ehe nicht der freien Willkür der Parteien überlassen, da diese sonst ohne jeden Grund und nach Belieben aus einer gültigen Ehe auseinandergehen könnten. Eine Überlassung der Willkür der Parteien verbietet sich auch aus dem sittlichen Charakter und der sittlichen Würde der Ehe selbst. Nicht zum wenigsten auch ist es die öffentliche Ordnung und die Sicherheit des Verkehrs, die eine solche Rücksichtnahme gerechtfertigt und geboten erscheinen lassen.

Nach dreierlei Richtungen nun verbindet das Gesetz mit einer nichtigen Ehe im Sinne der vorstehenden Darlegungen trotz deren Nichtigkeit unter gewissen Voraussetzungen und in gewissem Umfange die rechtlichen Wirkungen einer gültigen Ehe und stellt damit Erscheinungen auf, die als Ausnahmen von den sich aus dem Grundsatze der Nichtigkeit ergebenden Folgerungen anzusprechen sind.[1] Bestimmend für den Gesetzgeber zu dieser Abänderung und Durchbrechung des Nichtigkeitsprinzips ist die Rücksicht auf die Beteiligten gewesen, für die, namentlich wenn

[1] Genau genommen ist es freilich nicht das nichtige, von der Rechtsordnung eben nicht anerkannte Rechtsgeschäft der Eheschließung, das diese Wirkungen zu erzeugen vermag, sondern dem durch die Eheschließung begründeten tatsächlichen eheähnlichen Verhältnisse zwischen den Ehegatten sind die Wirkungen beigelegt.

sie keine Schuld an dem Eintritte der Nichtigkeit trifft, die strenge Durchführung des Grundsatzes zu großen Härten führen würde.

Die eine Ausnahme ist für das Verhältnis der in nichtiger Ehe lebenden Ehegatten zu Dritten gegeben. Zum Schutze gutgläubiger Dritter bestimmt der § 1344, daß einem Dritten aus der Nichtigkeit der Ehe Einwendungen gegen ein zwischen ihm und einem der Ehegatten vorgenommenes Rechtsgeschäft oder gegen ein zwischen ihnen ergangenes rechtskräftiges Urteil nur hergeleitet werden können, wenn zur Zeit der Vornahme des Rechtsgeschäftes oder zur Zeit des Eintrittes der Rechtshängigkeit die Ehe für nichtig erklärt oder die Nichtigkeit dem Dritten bekannt war.

Wie der § 1344 zugunsten des gutgläubigen Dritten enthält ferner der § 1345 eine Ausnahme von dem Grundsatze der Nichtigkeit zugunsten des gutgläubigen Ehegatten. Der § 1345 gibt dem Ehegatten, dem die Nichtigkeit der Ehe bei der Eheschließung nicht bekannt war, gegenüber dem anderen Ehegatten, der die Nichtigkeit der Ehe kannte, das Recht, nach der Nichtigkeitserklärung oder der Auflösung der Ehe zu verlangen, daß ihr Verhältnis in vermögensrechtlicher Beziehung so behandelt wird, wie wenn die Ehe zur Zeit der Nichtigkeitserklärung oder der Auflösung der Ehe geschieden und der Ehegatte, dem die Nichtigkeit bekannt war, für allein schuldig erklärt worden wäre.

Die dritte Ausnahme endlich betrifft die rechtliche Stellung der aus nichtigen Ehen hervorgegangenen Kinder. Das Bürgerliche Gesetzbuch ordnet das Verhältnis zu den Kindern nicht, wie die beiden anderen Ausnahmen, bei der Nichtigkeit und Anfechtbarkeit der Ehe (im dritten Titel des ersten Abschnittes: Bürgerliche Ehe des Familienrechts), es widmet vielmehr der rechtlichen Stellung der Kinder aus nichtigen Ehen einen besonderen (fünften) Titel (§§ 1699ff.) unter dem (zweiten) Abschnitte: Verwandtschaft. Die dort getroffene Regelung geht kurz dahin, daß ein Kind aus einer nichtigen Ehe, das im Falle der Gültigkeit der Ehe ehelich sein würde, als ehelich gilt, sofern nicht beide Ehegatten die Nichtigkeit der Ehe bei der Eheschließung gekannt haben.

Den Gegenstand der vorliegenden Abhandlung soll nur das Verhältnis der Ehegatten einer nichtigen Ehe zueinander bei Gutgläubigkeit des einen Ehegatten zur Zeit der Eheschließung bilden, wie es sich nach erfolgter Nichtigkeitserklärung oder Auflösung der Ehe nach Maßgabe der §§ 1345ff. im einzelnen gestaltet. Das Bürgerliche Gesetzbuch weicht in dieser Hinsicht nicht unwesentlich von den früheren Rechten ab. Die meisten früheren Rechte kannten hier das Institut der — insbesondere von dem kanonischen Rechte ausgebildeten, später sogenannten — Putativehe, d. i. der Ehe, bei der beide Ehegatten oder doch wenigstens einer der Ehegatten zur Zeit der Eingehung der Ehe in dem guten Glauben sich befunden haben, eine gültige Ehe zu schließen, und knüpften an eine solche Ehe, mehr oder weniger der Billigkeit Rechnung tragend, Rechtswirkungen, die an sich nur eine gültige Ehe zu erzeugen vermochte. Wenn auch das Bürgerliche Gesetzbuch die Putativehe als besonderes Institut nicht anerkannt hat, wenigstens nicht in dem Umfange wie die früheren Rechte, so ist es doch bei der Regelung der Frage in § 1345, ob und wie weit der gute Glaube beider Ehegatten oder eines von ihnen bei Eingehung der Ehe eine Abweichung von den allgemeinen Grundsätzen der Nichtigkeit bedingt, von den durch das Institut der Putativehe von den früheren Rechten vorgezeichneten Richtlinien ausgegangen. Mit Rücksicht hierauf wie auch auf die praktische Bedeutung, die, wie weiter unten ausgeführt werden soll, den früheren Rechten auch noch heute zukommt, soll der Darstellung der Regelung im Bürgerlichen Gesetzbuche eine kurze Übersicht über die geschichtliche Entwicklung und die Rechtsgestaltung im gemeinen Rechte und in den hauptsächlichsten partikularrechtlichen Kodifikationen vorausgeschickt werden.

I. Die rechtliche Gestaltung des Verhältnisses der Ehegatten einer nichtigen Ehe zueinander bei Gutgläubigkeit des einen Ehegatten oder beider Ehegatten in den bisherigen Rechten.

§ 2.

Der Standpunkt des gemeinen Rechts, des bayerischen Landrechts, des code civil, des sächsischen Bürgerlichen Gesetzbuches und des preußischen Allgemeinen Landrechts.

Das gemeine Recht, wie es sich auf der Grundlage des römischen und vor allem des kanonischen Rechts entwickelt hat, läßt bei der sog. Putativehe grundsätzlich für den gutgläubigen Teil alle rechtlichen Wirkungen eintreten, die eine gültige Ehe unter den Ehegatten hervorbringt. Bei beiderseitiger Gutgläubigkeit entstehen die Wirkungen einer gültigen Ehe für beide Ehegatten, bei gutem Glauben nur des einen Ehegatten aber nur für diesen, während der andere in bösem Glauben befindliche Ehegatte keinen Anspruch darauf erheben kann, gleichfalls als wahrer Ehegatte vom Recht behandelt zu werden. Insbesondere legt das gemeine Recht auch auf erbrechtlichem Gebiete der Putativehe zugunsten des gutgläubigen Ehegatten die Wirkungen einer gültigen Ehe bei. Streit herrscht für das gemeine Recht nur darüber, ob nachträglich eintretender böser Glaube schadet, und ob Voraussetzung einer Putativehe die Beobachtung der gesetzlich vorgeschriebenen Form bei Abschluß der Ehe sei[1] oder die Putativehe auch bei Verletzung der gesetzlich vorgeschriebenen Form angenommen werden könne, falls bezüglich der Wahrung der Form wenigstens ein Ehegatte bei Schließung der Ehe gutgläubig war.[2]

---

[1] So die herrschende Meinung. Vgl. die Meinungsangaben bei Fischer in Gruchot's Beiträgen a. a. O. S. 69 Anm. 2.

[2] So Fischer in Gruchot's Beiträgen und Jhering's Jahrbüchern a. a. O., Mankiewicz, Die Voraussetzungen der Putativehe (angezogen bei Thiesing a. a. O. S. 30 Anm. 22), Thiesing a. a. O. S. 31ff.

In grundsätzlicher Übereinstimmung mit dem gemeinen Rechte trifft die erste größere partikularrechtliche Kodifikation des Zivilrechts, der Codex Maximilianeus Bavaricus Civilis vom Jahre 1756, über die Putativehe eine Reihe eingehender Bestimmungen. Das Gesetz — Erster Teil, Sechstes Capitul, Von dem Ehestand, § 44. Von ungültiger Ehe (Nuptiis irritis) — unterscheidet drei Fälle, „nemlich ob sothane Verehelichung $1^{mó}$ entweder von beiden Eheleuten oder $2^{dò}$ nur von einem allein, oder 3^{tio} von keinem mit gutem Glauben und in redlicher Meynung, daß selbe gültig und Rechts-beständig seye, contrahirt worden." Hinsichtlich der Wirkungen im Verhältnisse der Ehegatten zueinander bestimmt es nun: „In dem I.sten Fall nimmt die Ehe-Frau sowol ihr Heyraths- als Paraphernal- und Receptits-Gut nebst der Morgen-Gab und dem von der Errungenschaft, gemein-vermischter Haus-Fahrniß und denen Hochzeit-Geschencken gebührenden Antheil, wie auch ihr End, Gebänd, Kleider, Kleinodien und was zu ihrem Leib gehört, wiederum zuruck. All-anderes hingegen verbleibt dem Mann, und was sie beyde vor- oder währender Ehe einander geschenckt haben, das fallt nebst dem Wittib-Sitz gleichfalls wiederum zuruck. Im übrigen würckt eine solch-vermeinte Ehe (Matrimonium putativum) solang sich die Eheleut in bona fide befinden, das nemliche, was eine wahrhaft- und Rechts-beständige Heyrath sowol in Betref der heyrathlichen Sprüchen und Freyheiten, als Rechtmäßigkeit deren Kindern und vätterlicher Gewalt, oder sonst denen Rechten nach zu würcken pflegt." Bei beiderseitiger Gutgläubigkeit der Ehegatten treten mithin alle Wirkungen einer gültigen Ehe ein. Befindet sich nur ein Ehegatte bei Schließung der Ehe in gutem Glauben, so „hat sich der unschuldige Theil aller Rechten und Freyheiten, welche einer gültigen Ehe anhangen, zu erfreuen, und erhält mithin auch alles, was einem Ehegatten auf Vorabsterben des anderen von Rechts- oder Gedings-wegen gebührt, jedoch mit dem in $§^{pho}$ 36. 37. 38" — diese Paragraphen regeln das Erbrecht der Ehegatten untereinander — „bemercktem Unterschied, ob Kinder vorhanden seynd oder nicht". Waren endlich beide Ehegatten bösgläubig, so „fallt sowol das Heyrath-Gut, als Wiederlag und Morgen-Gab, nebst denen einander gemachten Schanckungen, oder da kein

Heyraths-Gut bedungen ist, der vierte Theil von beyderseitigem sammentlichen Vermögen dem Fisco heim.“ In diesem Falle soll also die Ehegatten wegen ihrer Bösgläubigkeit an ihrem Vermögen eine Strafe zugunsten des Staates treffen.

Der code civil vom Jahre 1804, welcher gleichfalls das Institut der Putativehe anerkennt, bestimmt in den einschlägigen Artikeln 201 und 202:

Le mariage qui a été déclaré nul, produit néanmoins les effets civils, tant à l'égard des époux qu'à l'égard des enfants, lorsqu'il a été contracté de bonne foi.

Si la bonne foi n'existe que de la part de l'un des deux époux, le mariage ne produit les effets civils qu'en faveur de cet époux et des enfants issus du mariage.

Die Regelung, welche die Putativehe im code civil gefunden hat, ist mithin die gleiche wie im gemeinen Rechte: Die für nichtig erklärte Ehe bringt gleichwohl, wenn sie in gutem Glauben geschlossen worden ist, die Wirkungen einer gültigen Ehe hervor; war jedoch nur ein Teil der Ehegatten gutgläubig, so gilt dies nur für diesen. Maßgebend für den Zeitpunkt, in dem der gute Glaube vorhanden sein muß, ist nach dem klaren Wortlaute des Gesetzes lediglich der Zeitpunkt der Eingehung der Ehe.[1] Dagegen ist es auch für das französische Recht streitig, ob auch der gute Glaube eines der Ehegatten in Ansehung formaler Mängel der Eheschließung ein matrimonium putativum hervorzubringen geeignet sei.[2]

Das Gleiche wie für den code civil muß auch für das im wesentlichen lediglich eine deutsche Übersetzung desselben enthaltende Badische Landrecht vom Jahre 1809 gelten.

Wie das französische Recht, so folgt auch das sächsische Bürgerliche Gesetzbuch dem gemeinen Rechte. Das Bürgerliche

---

[1] So die allgemeine Meinung (wenn es freilich auch nicht an einigen wenigen älteren Schriftstellern fehlt, die anderer Meinung sind). Vgl. Zachariä v. Lingenthal a. a. O. § 435 Anm. 5 (S. 45). Siehe dagegen auch Protokolle Bd. IV S. 534.

[2] Vgl. Zachariä v. Lingenthal a. a. O. § 435 Anm. 2 (S. 44) und die dort angeführten Schriftsteller.

Gesetzbuch für das Königreich Sachsen vom Jahre 1863 bestimmt in § 1628:

„Haben sich beide Ehegatten bei Eingehung einer nichtigen oder infolge Anfechtung aufgehobenen Ehe in redlichem Glauben befunden, so hat die Ehe bis zu dem Zeitpunkte der erlangten Kenntnis von dem Ehehindernisse für sie alle Wirkungen einer gültigen Ehe. Hat sich bloß ein Ehegatte in redlichem Glauben befunden, so hat die Ehe bis zu dem Zeitpunkt, wo er von dem Ehehindernisse Kenntnis erlangt, bloß für ihn alle Wirkungen einer gültigen Ehe."

Auch hiernach treten also, falls beide Ehegatten bei Eingehung der — nichtigen oder der dieser gleichgestellten infolge Anfechtung aufgehobenen — Ehe in gutem Glauben sich befanden, der freilich bereits durch die bloße Kenntnis der das Ehehindernis begründenden Tatsache ausgeschlossen wird, für beide, falls nur ein Ehegatte gutgläubig war, nur für ihn alle Wirkungen einer gültigen Ehe ein. Sie fallen jedoch von dem Augenblicke an fort, in dem der gutgläubige Ehegatte Kenntnis von dem Ehehindernisse erlangt; nur bleiben sie im Falle beiderseitiger ursprünglicher Gutgläubigkeit für den anderen im guten Glauben verbleibenden Ehegatten bestehen. Daß dem überlebenden Ehegatten, der bis zum Tode des anderen Ehegatten in redlichem Glauben gestanden hat, ein Erbrecht gegenüber dem anderen Ehegatten zusteht, hebt der § 2054 (sächs. BGB.) noch besonders hervor. Auch hat der gutgläubige Ehegatte gegen den bösgläubigen Ehegatten gemäß § 1629 (sächs. BGB.) einen Anspruch auf Ersatz der durch die Eheschließung erlittenen Vermögensnachteile, wobei jedoch Ersatz wegen entzogenen Gewinns nicht gefordert werden kann. — Diese Vorschriften finden auch auf eine Ehe Anwendung, bei deren Eingehung die nach dem Gesetz erforderliche Form nicht beobachtet worden ist.[1]

Auf einem von dem gemeinen Rechte und den angeführten Partikularrechten grundsätzlich verschiedenen Standpunkte steht das preußische Allgemeine Landrecht (ALR.) vom Jahre 1794.

[1] Vgl. Fischer in Gruchot's Beiträgen a. a. O. S. 91ff., Friedberg a. a. O. Anm. 31 zu § 151, Grützmann a. a. O. Anm. 30 zu § 195 (S. 192).

Es wendet auch auf die nichtigen Ehen, das sind solche Ehen, welche wegen obwaltender Verbotsgesetze niemals bestehen können (§ 933 ALR.), die allgemeinen Grundsätze der Nichtigkeit an. Der zehnte Abschnitt des ersten Titels des zweiten Teils, der „Von den rechtlichen Folgen gesetzwidrig geschlossener Ehen“ handelt, bestimmt in § 952 (ALR.): „Aus einer solchen nichtigen Verbindung entstehen daher auch unter den Verbundenen selbst niemals Rechte und Pflichten, wie aus einer wirklichen Ehe.“ „Daher muß der Mann, der das Vermögen der Frau in seine Verwaltung überkommen hat, Alles leisten und vertreten, wozu ein Verwalter fremder Güter verpflichtet ist. Doch darf er von den während dieser Verbindung gezogenen Nutzungen in der Regel keine Rechnung ablegen. Vielmehr werden diese Nutzungen gegen das, was zum Unterhalte der Frau verwendet worden, aufgehoben.“ (§§ 953 bis 955 ALR.) Das Gesetz geht jedoch nicht soweit, den guten Glauben des einen oder des anderen Ehegatten bei der Eheschließung, für dessen Ausschluß es jedoch schon das Wissen des das Ehehindernis begründenden Tatumstandes ohne Kenntnis seiner rechtlichen Eigenschaft als eines Nichtigkeitsgrundes genügen läßt, vollkommen unberücksichtigt zu lassen. Vielmehr legt es ihm doch zur Milderung des Nichtigkeitsprinzipes insofern Bedeutung bei, als der Mann, wenn er „das Ehehindernis gewußt“, der Frau aber „selbiges unbekannt gewesen“ ist, „als ein unredlicher Besitzer des in seine Verwaltung übernommenen Vermögens der Frau angesehen“ wird (§ 956 ALR.). War umgekehrt die Frau bei der Eheschließung bösgläubig, der Mann aber im guten Glauben, so „darf letzterer bei seiner Verwaltung nur für ein grobes Versehen haften“ (§ 959 ALR.). Außerdem hat derjenige Ehegatte, der „den anderen durch Verschweigung oder Verheimlichung des obwaltenden Ehehindernisses, oder sonst durch betrügliche Vorspiegelungen, zur Schließung einer nichtigen Ehe verleitet hat“, „den unschuldigen Ehegatten schadlos zu halten“ (§ 963 ALR.) und zwar sollen „zur Bestimmung dieser Schadloshaltung die Ehescheidungsstrafen, welche, bei Trennung einer an sich gültigen Ehe, der schuldige Teil dem unschuldigen entrichten muß, zum Maaßstabe dienen“ (§ 964 ALR.). Die für die nichtigen Ehen gegebenen Vorschriften sollen nach § 974 (ALR.) auch auf die ungültigen Ehen, das sind solche Ehen, „welchen zwar von Anfang an gesetzliche Hindernisse im Wege stehen, die aber doch in der Folge, durch Hebung dieser Hindernisse, verbindliche Kraft erlangen können“ (§ 934 ALR.), Anwendung finden. Dagegen greifen sie nicht Platz für Ehen, deren Nichtigkeit auf Verletzung der Formvorschriften beruht.[1]

II Die Regelung im Bürgerlichen Gesetzbuche.

§ 3.

A. Allgemeine Grundsätze.

Gegenüber dem gemeinen Rechte und den ihm folgenden Partikularrechten einerseits, dem preußischen Allgemeinen Landrechte andererseits nimmt das Bürgerliche Gesetzbuch bei der Regelung des Verhältnisses der Ehegatten einer nichtigen Ehe zueinander eine Mittelstellung ein.

Das Bürgerliche Gesetzbuch stellt in dieser Hinsicht für die nichtige Ehe den Grundsatz auf, daß die Ehe als nicht geschlossen anzusehen ist, und daß daher ohne weiteres alle Folgen der Nichtigkeit eintreten. Dieser Grundsatz gilt zunächst für den Fall, daß beiden Ehegatten bei Eingehung der Ehe die Nichtigkeit derselben bekannt war; hier bewendet es also bei den allgemeinen Folgen der Nichtigkeit. Das Gleiche hat zu gelten, wenn beide Ehegatten bei der Eheschließung sich in gutem Glauben befanden. Aber auch für den Fall, daß nur der eine Gatte zur Zeit der Eingehung der Ehe bösgläubig, der andere aber gutgläubig war, beläßt es das Gesetz grundsätzlich bei den Folgen der Nichtigkeit.

Die Motive[2] begründen diesen Standpunkt des Gesetzes damit, daß eine Durchbrechung des Nichtigkeitsprinzips nur gerecht-

---

[1] Der gleichen Ansicht wie hier für das ALR. u. a. Friedberg a. a. O. § 151 Anm. 30, Thiesing a. a. O. S. 63. Vgl. auch Motive Bd. IV S. 68. Anderer Meinung Fischer in Gruchot's Beiträgen a. a. O. S. 97 ff.

[2] Vgl. Motive Bd. IV S. 67.

fertigt sei, wenn und soweit ein praktisches Bedürfnis dies erheische. Ein Bedürfnis aber, sich von den allgemeinen Grundsätzen so weit zu entfernen, wie das gemeine Recht und die sich ihm anschließenden neueren Gesetzgebungen es tun, könne nicht anerkannt werden. In dem großen Gebiete des auf dem entgegengesetzten Standpunkte stehenden preußischen Allgemeinen Landrechts sei das Bedürfnis einer Änderung nicht hervorgetreten. Zudem sprächen gegen eine solche Ausdehnung der Wirkungen der Putativehe, wie sie im gemeinen Rechte und in den diesem folgenden Rechten Anerkennung gefunden habe, erhebliche sachliche Bedenken, namentlich die mit einer solchen Regelung verbundene Verletzung der Rechte, insbesondere der Erbrechte, Dritter und die Verwicklungen, welche sich daraus für die nicht seltenen Fälle der Bigamie ergeben könnten, sowie die Erwägung, daß es unter Umständen dem gutgläubigen Ehegatten weit vorteilhafter sei, wenn er die ihm auf Grund der Nichtigkeit der Ehe zustehenden Rechte geltend machen könne, als wenn für ihn die Wirkungen einer gültigen Ehe einträten.

Auf der anderen Seite erschien es den Motiven aus Gründen der Billigkeit und Schonung und aus Rücksichten auf diejenigen Rechtsgebiete, in welchen der gutgläubige Ehegatte einen besonderen Schutz genoß, als bedenklich, von jeder besonderen Bestimmung zum Schutze des guten Glaubens abzusehen und den gutgläubigen Ehegatten lediglich auf die allgemeinen Grundsätze der Nichtigkeit und des Schadensersatzes aus unerlaubten Handlungen zu verweisen, zumal in letzterer Hinsicht die allgemeinen Grundsätze nur zu einem Anspruche auf Ersatz des negativen Interesses führen würden, welches in manchen Fällen als eine ausreichende, der Billigkeit entsprechende Entschädigung nicht angesehen werden könne.

Demgemäß gab der Entwurf I in § 1258 dem gutgläubigen Ehegatten, sofern der andere Ehegatte bei Schließung der Ehe deren Nichtigkeit gekannt hat, nach Auflösung oder Ungültigkeitserklärung der Ehe die „Wahl“, ob es in vermögensrechtlicher Beziehung bei den aus der Nichtigkeit der Ehe sich ergebenden Folgen verbleiben oder das Verhältnis dem anderen Ehegatten gegenüber so behandelt werden solle, wie wenn die Ehe geschieden und der andere Ehegatte für den schuldigen Teil erklärt worden wäre. Diese Regelung hielten die Motive für einen „passenden, zwischen den verschiedenen Rechten und den verschiedenen Rücksichten vermittelnden Ausweg".

Die Bestimmungen des Entwurfes I sind im wesentlichen auch Gesetz geworden. Auch das Bürgerliche Gesetzbuch gewährt denn in dem — dem § 1258 des Entwurfes I entsprechenden — § 1345, sofern dem einen Ehegatten einer nichtigen Ehe deren Nichtigkeit bei der Eheschließung bekannt war, dem anderen Ehegatten, wenn nicht auch er die Nichtigkeit kannte, nach der Nichtigkeitserklärung oder der Auflösung der Ehe die Befugnis, zu verlangen, daß ihr Verhältnis in vermögensrechtlicher Beziehung so behandelt wird, wie wenn die Ehe zur Zeit der Nichtigkeitserklärung oder der Auflösung geschieden und der bösgläubige[1] Ehegatte für allein schuldig erklärt worden wäre. Aber auch nur in dem Falle, daß lediglich der eine Ehegatte bei Eingehung der Ehe gutgläubig war, räumt das Gesetz dem guten Glauben eines der Ehegatten einen Einfluß auf das Verhältnis der Ehegatten zueinander ein. Die Ausnahme des § 1345, als die sich dieser gegenüber dem an sich auch hier geltenden Grundsatze der Nichtigkeit darstellt, kann daher nicht Platz greifen, wenn beiden Ehegatten die Nichtigkeit der Ehe bei Schließung derselben unbekannt war, vielmehr hat es in diesem Falle wie in dem Falle, daß beide Ehegatten bei Eingehung der Ehe um die Nichtigkeit wußten, unbedingt bei dem Grundsatze der Nichtigkeit zu verbleiben.

---

[1] Das Gesetz selbst gebraucht die Ausdrücke „gutgläubig" und „bösgläubig", „guter und böser Glaube" nicht, vielmehr sind in den §§ 1345 ff. und zwar mit Absicht — vgl. Motive Bd. IV S. 69 — die Voraussetzungen des guten und bösen Glaubens des nähern, in § 1345 durch die Wendungen: „War ... die Nichtigkeit der Ehe bekannt" und „nicht bekannt" und in § 1346 S. 2: „den Irrtum kannte oder kennen mußte" bestimmt. Dessenungeachtet werden in den Materialien zum BGB. und in der Literatur die erwähnten, den Vorzug der Kürze aufweisenden Bezeichnungen auch zu den §§ 1345 ff. verwendet; sie sollen wie bisher, so fernerhin auch hier in Anwendung kommen.

B. Das Recht des § 1345 (und des § 1351) im besonderen.

§ 4.

I. Objektive und subjektive Voraussetzungen des Rechts.

I. Der § 1345, der dem einen gutgläubigen Ehegatten bei Bösgläubigkeit des anderen Ehegatten das in § 3 erwähnte Ausnahmerecht einräumt, bestimmt im einzelnen:

„War dem einen Ehegatten die Nichtigkeit der Ehe bei der Eheschließung bekannt, so kann der andere Ehegatte, sofern nicht auch ihm die Nichtigkeit bekannt war, nach der Nichtigkeitserklärung oder der Auflösung der Ehe verlangen, daß ihr Verhältnis in vermögensrechtlicher Beziehung, insbesondere auch in Ansehung der Unterhaltspflicht, so behandelt wird, wie wenn die Ehe zur Zeit der Nichtigkeitserklärung oder der Auflösung geschieden und der Ehegatte, dem die Nichtigkeit bekannt war, für allein schuldig erklärt worden wäre.

Diese Vorschrift findet keine Anwendung, wenn die Nichtigkeit auf einem Formmangel beruht und die Ehe nicht in das Heiratsregister eingetragen worden ist."

Als Voraussetzungen des in § 1345 bestimmten Rechts ergeben sich hieraus einmal in objektiver Hinsicht, daß eine nichtige Ehe in dem oben[1] dargelegten Sinne vorliegt und daß diese Ehe für nichtig erklärt oder aufgelöst worden ist, dann in subjektiver Beziehung, daß dem einen Ehegatten zur Zeit der Eheschließung die Nichtigkeit der Ehe bekannt war.

1. Was zunächst die objektiven Voraussetzungen angeht, so muß die Nichtigkeit der Ehe auf einem materiellen Mangel des Rechtsgeschäfts der Eheschließung beruhen oder die Ehe deshalb nichtig sein, weil sie anfechtbar war und angefochten worden ist. Ist die Ehe wegen Verletzung der in § 1317 vorgeschriebenen Form nichtig, so ist die Anwendbarkeit des § 1345 nur gegeben, wenn die Ehe in das Heiratsregister eingetragen worden ist. Dagegen findet nach der ausdrücklichen Bestimmung in Absatz 2

---

[1] Vgl. oben § 1.

des § 1345 die Vorschrift des Absatz 1 des § 1345 keine Anwendung, falls die Nichtigkeit der Ehe auf einem Formmangel beruht und auch keine Eintragung der Ehe in das Heiratsregister erfolgt ist.

In dieser Behandlung der formungültigen Ehen weicht das Bürgerliche Gesetzbuch nicht unwesentlich von den meisten der früheren Rechte ab. Noch der Entwurf I gab in § 1258 das jetzt in § 1345 enthaltene Recht dem gutgläubigen Ehegatten nur bei Ehen, deren Nichtigkeit „auf einem anderen Grunde als auf einem Formmangel bei der Eheschließung beruhte". Dies war, wie bereits oben[1] ausgeführt worden ist, insbesondere auch der Standpunkt des gemeinen Rechts, wenigstens nach der herrschenden Meinung, und des preußischen Allgemeinen Landrechts, nicht dagegen des sächsischen Bürgerlichen Gesetzbuches. Die Motive zu dem Entwurfe[2] begründeten dies damit, daß, wenngleich sich Billigkeitsrücksichten dafür anführen ließen, die Bestimmung des § 1258 auch auf formnichtige Ehen anzuwenden, bei denen der eine Ehegatte sich in einem entschuldbaren Irrtume über das Vorhandensein des Formmangels befunden habe, doch ein dringendes Bedürfnis nicht anerkannt werden könne, von dem sonst festgehaltenen Grundsatze, daß eine formungültige Ehe als nicht geschlossen anzusehen sei, hier zugunsten des gutgläubigen Ehegatten abzuweichen, zumal nach dem Prinzipe des § 1258 überhaupt nur die seltenen Fälle in Betracht kämen, in welchen lediglich der eine Teil sich in einem entschuldbaren Irrtume über das Vorhandensein des Formmangels befunden, der andere aber die Nichtigkeit der Ehe gekannt habe. Gegen die Ausdehnung spräche außerdem das praktische Bedenken, daß, da in dem vorausgesetzten Falle eine Nichtigkeitserklärung nicht stattfinde, der Zeitpunkt der Entdeckung des Irrtums der Vermögensauseinandersetzung zugrunde gelegt werden müßte, dieser Zeitpunkt aber sich schwer fixieren lasse. Der Entwurf II, der im Gegensatze zum Entwurfe I auch für wegen Nichtbeobachtung der gesetzlich vorgeschriebenen Form nichtige, aber in das Heirats-

[1] Vgl. oben § 2.
[2] Vgl. Motive Bd. IV S. 68, 69.

register eingetragene Ehen eine Nichtigkeitserklärung für erforderlich erklärte (§ 1235 S. 2 Entw. II) und damit ein Unterscheidungsmerkmal zwischen formnichtigen Ehen und Nichtehen aufstellte, ging in § 1237 — in richtiger Anerkennung auch eines Bedürfnisses für die Berücksichtigung auch formnichtiger Ehen — insofern weiter, als er die das Ausnahmerecht des gutgläubigen Ehegatten enthaltenden Vorschriften auch bei formungültigen Ehen für anwendbar erklärte und nur dann ausgeschlossen wissen wollte, wenn die formnichtige Ehe nicht in das Heiratsregister eingetragen worden sei. Ein bei der Beratung in der Kommission für die zweite Lesung gestellter Antrag, die Vorschriften des § 1258 (Entw. I) auf alle nichtigen Ehen, auch auf die formnichtigen und zugleich nicht eingetragenen Ehen anzuwenden, wurde von der Mehrheit der Kommission wegen der gleichen praktischen Bedenken, wie sie von den Motiven gegen die Ausdehnung der im § 1258 Entw. I (jetzt § 1345) getroffenen Bestimmung auf die formnichtigen Ehen überhaupt geäußert worden waren, abgelehnt.[1] Für das Gesetz ist es denn bei den Bestimmungen des Entwurfes II, der das Recht dem gutgläubigen Ehegatten nur bei den wegen materieller Mängel nichtigen sowie den zwar wegen Formmängel nichtigen, aber eingetragenen Ehen zugestehen wollte, verblieben. Die Ausscheidung der wegen Formmangels nichtigen und auch nicht in das Heiratsregister eingetragenen Ehen entspricht auch nur der sonstigen Behandlung dieser Art der Ehen durch das Gesetz als Nichtehen. Diesen Ehen, bei denen nicht einmal der äußere Schein einer gültigen Ehe vorhanden ist, können auch im Verhältnisse der Ehegatten zueinander keinerlei Wirkungen zukommen, mag auch ein Ehegatte bei der Eingehung der Ehe sich in gutem Glauben befunden haben.

Wird geltend gemacht, daß die Ehe wegen Formmangels nichtig und auch nicht in das Heiratsregister eingetragen worden sei, es sich mithin um eine Nichtehe handele, so trifft nicht denjenigen die Beweislast, der sich hierauf beruft; vielmehr hat derjenige Ehegatte, der das Recht des § 1345 Abs. 1 für sich in

---

[1] Vgl. Protokolle Bd. IV S. 69ff.

Anspruch nehmen will, als Voraussetzung des in § 1345 Abs. 1 bestimmten Rechts das Vorliegen einer aus materiellen Gründen nichtigen oder einer zwar wegen Formmangels nichtigen, aber in das Heiratsregister eingetragenen Ehe zu beweisen.[1]

Weiter muß die Ehe für nichtig erklärt oder aufgelöst worden sein, soll das Recht aus § 1345 gegeben sein. Für die Nichtigkeitserklärung begründet es hierbei keinen Unterschied, ob die Ehe zufolge der Nichtigkeitsklage oder der Anfechtungsklage für nichtig erklärt worden ist. Folge der Erhebung der Anfechtungsklage, durch die die Anfechtung gemäß § 1341 Abs. 1 erfolgt, ist, daß die angefochtene Ehe als von Anfang an nichtig anzusehen ist (§ 1343 Abs. 1 S. 1), die mithin nach erfolgter Anfechtung der von vornherein nichtigen Ehe gleichsteht. Auch das auf die Anfechtungsklage ergehende Urteil erklärt sonach die anfechtbare Ehe für nichtig. Der Beendigung der Ehe durch Nichtigkeitserklärung ist vom Gesetze die Beendigung durch Auflösung gleichgestellt. Als Auflösungsgründe kommen hierbei in Betracht: Scheidung, Tod eines der Ehegatten und Wiederverheiratung im Falle der Todeserklärung.

Solange die Ehe nicht für nichtig erklärt oder aufgelöst worden ist, bedarf es für den gutgläubigen Ehegatten einer besonderen Schutzbestimmung, als die sich der § 1345 nach seinem ganzen Zwecke darstellt, nicht. Für diese Zeit bieten die §§ 1329 und 1343 Abs. 2 dem gutgläubigen Ehegatten genügenden Schutz. Der § 1329 bestimmt, daß die Nichtigkeit einer Ehe, solange nicht die Ehe für nichtig erklärt oder aufgelöst ist, nur im Wege der (Nichtigkeits-) Klage geltend gemacht werden kann. Eine gleiche Bestimmung trifft der § 1343 Abs. 2 für die anfechtbare und angefochtene Ehe für die Zeit vor erfolgter Nichtigkeitserklärung oder Auflösung. Eine anderweite Geltendmachung der Nichtigkeit, wie etwa im Wege der Einrede, findet bis zu dem erwähnten Zeitpunkte nicht statt. Erst nach Beendigung der Ehe durch Nichtigkeitserklärung oder Auflösung kann sich ein

[1] Ebenso STAUDINGER a. a. O. Anm. 6 zu § 1345, OPET a. a. O. Anm. 11 zu § 1345. Anderer Meinung PLANCK a. a. O. Bem. 3 a. E. zu § 1345, SCHMIDT a. a. O. Anm. 5 zu § 1345.

besonderer Schutz für den gutgläubigen Ehegatten erforderlich machen, da nach der Nichtigkeitserklärung oder der Auflösung der nichtigen oder angefochtenen Ehe vor derselben jeder, insbesondere auch der andere Ehegatte, sich auf die Nichtigkeit der Ehe berufen kann. Das Gesetz läßt daher das Recht des § 1345 erst mit dem Zeitpunkte der Nichtigkeitserklärung oder der Auflösung der Ehe entstehen.

Wie bereits erwähnt worden ist, macht es für die Anwendbarkeit des § 1345 keinen Unterschied, ob die Ehe von vornherein nichtig oder deshalb nichtig ist, weil sie anfechtbar war und angefochten worden ist. Auch in den Fällen, in denen die Ehe aus den oben angeführten Gründen anfechtbar ist und die Anfechtung auch erfolgt, will der § 1345 den gutgläubigen Ehegatten gegenüber dem bösgläubigen Ehegatten schützen. Während nun der § 1345 dem gutgläubigen Ehegatten das Recht sowohl für den Fall, daß die Ehe für nichtig erklärt worden ist, wie auch für den Fall der Auflösung zuspricht, tut der § 1346, der die Person des aus § 1345 Berechtigten abweichend von den Vorschriften des § 1345 bei Anfechtung der Ehe wegen Drohung oder Irrtums bestimmt, der Auflösung der Ehe keiner Erwähnung, sondern spricht nur von ihrer Nichtigkeitserklärung. Streit herrscht deshalb in der Literatur darüber, ob der § 1345 auch im Falle der Auflösung der Ehe bei Anfechtbarkeit derselben wegen Drohung oder Irrtums anwendbar sei. Nach Opet[1] ist die „Nichtigkeitserklärung“ der anfechtbaren Ehe nur vor Auflösung der Ehe zulässig; nach ihm wird durch die Auflösung selbst in dem Falle des § 1346, anders als in den Fällen des § 1345, die Möglichkeit der Entstehung des im § 1345 Abs. 1 bestimmten Rechts beseitigt. Staudinger[2] sieht in der Nichterwähnung der Auflösung der Ehe in § 1346 ein Redaktionsversehen, will aber, obwohl er einen Grund für die verschiedene Behandlung beider Fälle nicht einzusehen vermag, mit Rücksicht auf die unzweideutige Fassung des Gesetzes die Anwendbarkeit des § 1346 auf den Fall der Auflösung der Ehe ausgeschlossen,

[1] Opet a. a. O. Anm. 6 zu § 1346.

[2] Staudinger a. a. O. Anm. 4 zu § 1346.

vielmehr für diesen Fall wieder die Regelvorschrift des § 1345 angewendet wissen. Beide Ansichten würden jedoch zu unhaltbaren Folgerungen führen.[1] In der Tat ist, wie STAUDINGER ganz richtig hervorhebt, kein Grund einzusehen, beide Fälle verschieden zu behandeln. Wie die Entstehungsgeschichte erkennen läßt, lag es auch nicht in der Absicht der Gesetzesverfasser, zwischen beiden Fällen eine Unterscheidung zu machen. Der § 1270 des Entwurfes I bestimmte, daß die Vorschriften des § 1258 (Entw. I) bei einer anfechtbaren Ehe, wenn die Anfechtung erfolge, mit der Maßgabe entsprechende Anwendung finden sollten, daß ... im Falle einer Anfechtung wegen Drohung der anfechtungsberechtigte Ehegatte dem Ehegatten gleichstehe, welcher die Nichtigkeit der Ehe nicht gekannt hat. Und der § 1252 des Entwurfes II schrieb vor: „Die Vorschriften des § 1237 (jetzt § 1345) finden auf eine anfechtbare Ehe, die angefochten ist, entsprechende Anwendung. Das im § 1237 bestimmte Recht steht im Falle der Anfechtung wegen Drohung dem anfechtungsberechtigten Ehegatten, im Falle der Anfechtung wegen Irrtums dem zur Anfechtung nicht berechtigten Ehegatten zu ...“ In beiden Bestimmungen der Entwürfe ist hiernach ein Unterschied zwischen Nichtigkeitserklärung und Auflösung der Ehe nicht gemacht. Auch durch den § 1346, der dem § 1270 des Entwurfes I und dem § 1252 des Entwurfes II entspricht, soll eben nicht der § 1345, der allgemein das Recht sowohl in dem Falle der Nichtigkeitserklärung wie der Auflösung der Ehe gibt, geändert werden, vielmehr soll im § 1346 nur die Person des aus § 1345 Berechtigten für den Fall der Anfechtung der Ehe wegen Irrtums und wegen Drohung, für welche beiden Fälle mit Rücksicht auf die Voraussetzungen, von denen der § 1345 ausgeht, eine von den Vorschriften des § 1345 abweichende Regelung der Bestimmung des Berechtigten erfolgen mußte, bezeichnet werden. Kann auch dem Wortlaute nach, wie er bei der Fassung des Gesetzes schließlich gewählt worden ist, die Bestimmung des § 1346 nicht auf den Fall der Auflösung der Ehe mitbezogen werden, so ist doch dem Willen des Gesetzes nach der § 1346 auch auf diesen Fall

[1] Das Nähere hierüber vgl. bei THIESING a. a. O. S. 194, 195.

— im Wege der ausdehnenden Auslegung — für anwendbar zu erklären. Selbst wenn man aber annehmen wollte, daß durch den § 1346 der Fall der Auflösung der Ehe nicht mit geregelt wäre, so wäre doch zu dem gleichen Ergebnisse durch Analogieschluß zu gelangen. (Ubi eadem legis ratio, ibi eadem legis dispositio.)[1]

2. In subjektiver Hinsicht ist für die Anwendung des § 1345 erfordert, daß dem einen Ehegatten bei der Eheschließung die Nichtigkeit der Ehe bekannt war. Für die Kenntnis des Ehegatten kommt es auf sein positives Kennen der Nichtigkeit der Ehe an. Das Kennenmüssen — Nichtkennen infolge von Fahrlässigkeit, vgl. § 122 Abs. 2 — ist hier dem Kennen nicht gleichgestellt; fahrlässige Unkenntnis genügt daher nicht. Und diese Kenntnis muß sich auf die Kenntnis der die Nichtigkeit begründenden Tatsache als eines Nichtigkeitsgrundes erstrecken. Bloßes Wissen des die Nichtigkeit herbeiführenden Tatumstandes ohne Kenntnis dieser seiner Eigenschaft reicht nicht aus; das Gesetz stellt nicht auf diese Kenntnis, sondern darauf ab, ob der Ehegatte gewußt hat, daß die Ehe deshalb nichtig ist. Maßgebend für die Kenntnis ist lediglich der Zeitpunkt der Eheschließung. In diesem Augenblicke muß der Ehegatte um die Nichtigkeit der Ehe gewußt haben, soll der andere Ehegatte sich auf das Recht des § 1345 berufen können. Erlangt der Ehegatte erst später von der Nichtigkeit oder Anfechtbarkeit der Ehe Kenntnis, so schadet dies ihm nicht.

Auf der anderen Seite muß der Ehegatte, der das Recht des § 1345 für sich in Anspruch nehmen will, die Nichtigkeit der Ehe nicht gekannt haben. Der Entwurf I (§ 1258) hatte wie die Kenntnis des einen Ehegatten von der Nichtigkeit der Ehe auch dieses Erfordernis zur Voraussetzung erhoben, indem er bestimmte, daß das jetzt in § 1345 enthaltene Recht dem einen Ehegatten zustehen sollte, wenn dieser bei der Eheschließung die Nichtigkeit der Ehe nicht gekannt, der andere Ehegatte sie aber gekannt

[1] Wie hier nehmen die Anwendbarkeit des § 1346 auch auf den Fall der Auflösung der Ehe an Planck a. a. O. Anm. 3 zu § 1346, Thiesing a. a. O. S. 194f., Reichsgerichtsräte a. a. O. Anm. 5 zu § 1346.

hatte. Dagegen soll nach der Gestaltung im § 1345 die Geltendmachung des Rechts dann ausgeschlossen sein, wenn auch dem das Recht des § 1345 beanspruchenden Ehegatten die Nichtigkeit der Ehe bekannt war. Dies ist insbesondere für die Frage von Bedeutung, wen die Beweislast trifft. Nach dem Entwurfe I hatte der Ehegatte, der von dem Rechte des § 1258 (jetzt § 1345) Gebrauch machen wollte, nicht nur die Kenntnis des anderen Ehegatten von der Nichtigkeit der Ehe zur Zeit der Eheschließung, sondern auch seine eigene Nichtkenntnis zu beweisen.[1] Nach der Gestaltung des Erfordernisses der Kenntnis des einen Ehegatten von der Nichtigkeit der Ehe als Voraussetzung, des Fehlens der Nichtkenntnis bei dem anderen Ehegatten aber nur als Grund des Ausschlusses des in § 1345 bestimmten Rechts im Bürgerlichen Gesetzbuche braucht der sich auf das Recht des § 1345 berufende Ehegatte — außer dem Vorliegen einer nichtigen Ehe und der Nichtigkeitserklärung oder Auflösung derselben — nur die Kenntnis des anderen Ehegatten darzutun. Sache des anderen Ehegatten ist es, durch den Nachweis, daß auch dem das Recht des § 1345 beanspruchenden Ehegatten die Nichtigkeit zur Zeit der Eheschließung bekannt war, die Möglichkeit der Berufung desselben auf den § 1345 auszuschließen.[2] — In gleicher Weise wie für die Kenntnis des einen Ehegatten zur Begründung des in § 1345 bestimmten Rechts ist auch zum Ausschlusse dieses Rechts für den anderen Ehegatten erfordert, daß dieser Ehegatte positive Kenntnis von der Nichtigkeit der Ehe hat. Der Entwurf I (§ 1258) wich hierin insofern ab, als nach ihm der Ehegatte, dem die Nichtigkeit nur aus grober Fahrlässigkeit unbekannt geblieben war, des Rechtes aus § 1345 verlustig gehen sollte. Nach dem Bürgerlichen Gesetzbuche vermag dagegen auch der Umstand, daß die Nichtkenntnis der Nichtigkeit auf grober Fahrlässigkeit beruhte, dem Rechte des gutgläubigen Ehegatten keinen Abbruch zu tun. Als maßgebender Zeitpunkt für die Nichtkenntnis ist

[1] Vgl. auch Motive Bd. IV S. 69.

[2] Der gleichen Ansicht über die Verteilung der Beweislast hinsichtlich der Kenntnis u. a. Staudinger a. a. O. Anm. 6 zu § 1345, Planck a. a. O. Bem. 3 zu § 1345, Opet a. a. O. Anm. 11 zu § 1345, Schmidt a. a. O. Anm. 5 zu § 1345, Crome a. a. O. § 549 Anm. 71 (S. 193), Weyl a. a. O. S. 567 Anm. 40.

auch hier der Zeitpunkt der Eheschließung anzusehen. Nachträglich erlangte Kenntnis der Nichtigkeit ist ohne jeden Einfluß. Insbesondere kommen nicht etwa — wie z. B. nach dem sächsischen Bürgerlichen Gesetzbuche[1] — von dem Augenblicke der erlangten Kenntnis an die nach § 1345 in vermögensrechtlicher Beziehung mit der nichtigen Ehe verbundenen Wirkungen für die Zukunft in Wegfall. Bestimmend für den Gesetzgeber, der mala fides superveniens keinen Einfluß einzuräumen, war insbesondere die Erwägung, daß, wollte man der nichtigen Ehe Wirkungen einer gültigen Ehe nur bis zu dem Zeitpunkte der erlangten Kenntnis von der Nichtigkeit der Ehe beilegen, der hiernach der Vermögensauseinandersetzung unter den Ehegatten zugrunde zu legende Zeitpunkt der erlangten Kenntnis als für die Vermögensauseinandersetzung nicht geeignet erscheine, insbesondere da die Feststellung dieses Zeitpunktes oft mit großen Schwierigkeiten verbunden sei.[2]

II. Unter den hiernach gefundenen Voraussetzungen ist die Anwendbarkeit des § 1345 zunächst gegeben für alle die Fälle, in denen die Ehe aus den in den §§ 1324 bis 1328 angeführten Gründen nichtig ist. Hierbei ist unter den § 1326 (Nichtigkeit der Ehe wegen Bestehens einer gültigen Ehe) auch der Fall der Nichtigkeit der Ehe bei Wiederverheiratung des einen Ehegatten nach der Todeserklärung des anderen Ehegatten (§ 1348) zu rechnen. Nichtig ist hier die Ehe, welche der zurückgebliebene Ehegatte eingegangen ist, nachdem der andere Ehegatte für tot erklärt worden ist, sofern beide Ehegatten der neuen Ehe bei der Eheschließung wußten, daß der für tot Erklärte die Todeserklärung überlebt hatte. Denn unter dieser Voraussetzung tritt die sonst im § 1348 Abs. 1 an die Wiederverheiratung des zurückgebliebenen Ehegatten geknüpfte Wirkung der Auflösung der früheren Ehe nicht ein, es bestand somit bei Eingehung der neuen Ehe noch die frühere Ehe zu Recht. Vorausgesetzt ist hierbei freilich noch, daß der für tot Erklärte zu dieser Zeit noch lebte, da sonst die frühere Ehe durch den Tod des für tot

[1] Vgl. oben § 2 (S. 12).
[2] Vgl. Motive Bd. IV S. 70, 71. — Vgl. auch unten § 5 I, 3 a. E.

Erklärten schon aufgelöst war. Doch ist die Kenntnis der Ehegatten hiervon nicht Erfordernis, vielmehr führt auch nur das Wissen, daß der für tot Erklärte die Todeserklärung überlebt hat, die Nichtigkeit der Ehe herbei. OPET[1] hält für diesen Fall der Nichtigkeit die Anwendbarkeit des § 1345 für ausgeschlossen, da es an der Gutgläubigkeit eines Teiles fehle. Wenn dies vielleicht auch die Regel bilden mag, da hier mit der Kenntnis der die Nichtigkeit begründenden Tatsache zumeist auch die Kenntnis von der rechtlichen Bedeutung dieser Tatsache für den Bestand der Ehe verbunden sein wird, so sind die subjektiven Voraussetzungen für die Anwendbarkeit des § 1345 — Kenntnis der Nichtigkeit durch den einen, Unkenntnis derselben durch den anderen Ehegatten — doch gegeben, wenn nur der eine Ehegatte außer dem Überleben der Todeserklärung nicht auch die dadurch begründete Nichtigkeit der Ehe kannte. Für diesen Fall muß daher — bei Vorliegen der übrigen Voraussetzungen des § 1345 — die Anwendung des § 1345 als gegeben anerkannt werden.[2]

Wie bereits mehrfach hervorgehoben worden ist, muß der § 1345 aber grundsätzlich auch bei einer anfechtbaren und angefochtenen Ehe Anwendung finden. Der Entwurf I sprach im § 1270 die entsprechende Anwendbarkeit der Vorschriften des § 1258 (jetzt § 1345) auf eine anfechtbare Ehe nach erfolgter Anfechtung ausdrücklich aus, die Bestimmung ist jedoch als selbstverständlich in das Gesetz nicht aufgenommen worden. Es bedeutet auch, worauf die Motive[3] hinweisen, keinen Widerspruch, dem anfechtungsberechtigten Ehegatten, trotzdem er sich für die Anfechtung der Ehe entschieden hat, die Befugnis einzuräumen, die Aufrechterhaltung der Wirkungen der Ehe in vermögensrechtlicher Hinsicht zu verlangen. Denn in dem Willen des anfechtungsberechtigten Ehegatten zur Beseitigung der Ehe wegen eines ihr anhaftenden Mangels ist noch keineswegs der Wille zu finden, auf die ja auch bei ursprünglich nichtiger Ehe, mithin

---

[1] OPET a. a. O. Anm. 3 zu § 1348.
[2] Wie hier THIESING a. a. O. S. 185, WEYL a. a. O. S. 612, 613.
[3] Vgl. Motive Bd. IV S. 102.

unabhängig von der Gültigkeit der Ehe und trotz ihrer Nichtigkeit dem gutgläubigen Ehegatten aus Gründen der Billigkeit eben wegen seines guten Glaubens eingeräumten Rechte zu verzichten.[1]

Bezüglich der Kenntnis bei Anfechtbarkeit der Ehe zieht der § 1343 Abs. 1, der die anfechtbare und angefochtene Ehe hinsichtlich der Wirkungen bei Anfechtung der von vornherein nichtigen Ehe gleichstellt, die Vorschrift des § 142 Abs. 2 an, der bestimmt, daß derjenige, der die Anfechtbarkeit eines Rechtsgeschäftes kannte oder kennen mußte, wenn die Anfechtung erfolgt, so behandelt wird, wie wenn er die Nichtigkeit des Rechtsgeschäfts gekannt hätte oder hätte kennen müssen. Auf die Anfechtbarkeit der Ehe angewendet bedeutet dies, daß derjenige, der die Anfechtbarkeit der Ehe kennt, damit rechnen muß, daß die Anfechtung erfolgen und dadurch die Nichtigkeit der Ehe herbeigeführt werden kann. Er wird also überall dort, wo die Kenntnis oder das Kennenmüssen der Nichtigkeit rechtlich von Bedeutung ist, trotzdem er nur die Anfechtbarkeit kannte oder kennen mußte, nach erfolgter Anfechtung so behandelt, als ob er die Nichtigkeit der Ehe gekannt hätte oder hätte kennen müssen. Der Kenntnis der Nichtigkeit der Ehe im § 1345 gilt hiernach bei anfechtbarer und angefochtener Ehe die Kenntnis der Anfechtbarkeit gleich. In den besonderen Fällen der Anfechtung der Ehe wegen Drohung und wegen Irrtums nun würden sich bei unmittelbarer Anwendung dieser Vorschriften auf das Recht des § 1345 unbillige Folgerungen insofern ergeben können, als das Recht aus § 1345 für den schutzbedürftigen Ehegatten nur in gewissen Fällen oder überhaupt nicht anwendbar werden würde. Das Gesetz hat deshalb für beide Fälle im § 1346 die subjektiven Voraussetzungen für die Anwendbarkeit des § 1345 abweichend von den Vorschriften des § 1345 geregelt, indem es bestimmt:

> „Wird eine wegen Drohung anfechtbare Ehe für nichtig erklärt, so steht das im § 1345 Abs. 1 bestimmte Recht dem anfechtungsberechtigten Ehegatten zu. Wird eine wegen Irrtums anfechtbare Ehe für nichtig erklärt, so steht dieses Recht dem zur Anfechtung nicht berechtigten Ehegatten zu, es sei

---

[1] Vgl. Thiesing a. a. O. S. 180.

denn, daß dieser den Irrtum bei der Eingehung der Ehe kannte oder kennen mußte."

1. Im Falle der Anfechtung der Ehe wegen Drohung ist der anfechtungsberechtigte Ehegatte, somit nach § 1335 der zur Eingehung der Ehe widerrechtlich durch die Drohung bestimmte Ehegatte dem Ehegatten gleichgestellt, dem die Nichtigkeit der Ehe bei Schließung derselben nicht bekannt war. An sich würde nach § 1345 Abs. 1 der durch die Drohung bestimmte Ehegatte das Recht des § 1345 nur in dem Falle für sich in Anspruch nehmen können, daß ihm nicht bewußt war, daß die Drohung die Anfechtbarkeit der Ehe begründe. Denn das Recht des § 1345 steht nur demjenigen Ehegatten zu, dem die Nichtigkeit oder Anfechtbarkeit der Ehe bei der Eheschließung nicht bekannt war; hinsichtlich der Kenntnis ist aber auch in den Fällen der Anfechtung der Ehe maßgebend, ob dem Ehegatten die Anfechtbarkeit der Ehe bekannt war, während die Kenntnis der die Anfechtbarkeit begründenden Tatsache allein, hier der Drohung, nicht in Betracht kommt. Mit Rücksicht darauf jedoch, daß in dem Falle der Drohung der Wille des bedrohten Ehegatten bei der Eheschließung ein unfreier war, gibt ihm der § 1346 S. 1 das in § 1345 bestimmte Recht auch für den Fall, daß ihm bei Eingehung der Ehe die Anfechtbarkeit bekannt war.

Weyl[1] ist hier anderer Ansicht. Er will das Recht aus § 1345 dem bedrohten Ehegatten nur in dem einzigen Falle geben, daß diesem nur die Zwangslage bekannt gewesen war, dagegen ihm das Recht dann versagen, wenn er außer der Zwangslage auch die Anfechtbarkeit der Ehe gekannt hatte. Weyl folgert dies aus der — angeblichen — Tendenz des § 1346 S. 1, die, wie sowohl die Motive (Bd. 4 S. 102) als auch die Denkschrift (S. 262/263) erkennen ließen, lediglich dahin gehe, eine Äußerung über die Anwendbarkeit des regulären Wahlrechts aus dem auf der Voraussetzung ungleicher Rollenverteilung hinsichtlich der Kenntnis der Nichtigkeit aufgebauten § 1345 und über die Person des Wahlberechtigten für den zumeist beiderseitige Kenntnis der Ehegatten von der Zwangslage, mithin wenigstens insoweit Rollen-

[1] Weyl a. a. O. S. 572f.

gleichheit voraussetzenden Fall der Anfechtung der Ehe wegen Drohung zu bieten. Gäbe man dies als die Tendenz des § 1346 S. 1 zu, so müsse man auch einräumen, daß im übrigen der Fall der Anfechtung der Ehe wegen Drohung nach dem § 1345 seine Beurteilung finden müsse, so daß das Recht des § 1345 davon abhängig sei, ob sich die Kenntnis des bedrohten Ehegatten außer auf die Zwangslage auch auf die Anfechtbarkeit der Ehe erstrecke, und sei dies der Fall, dem bedrohten Ehegatten das Recht aus § 1345 abzusprechen sei. Die Bestimmung des § 1346 S. 1 ist jedoch eine weitergehende als eine bloße Äußerung über die Rollenverteilung für den Fall der Anfechtung der Ehe wegen Drohung, wie Weyl meint; sie bezweckt vielmehr, dem bedrohten Ehegatten eine bevorzugte Stellung vor dem anderen Ehegatten einzuräumen, weil bei der Eingehung der Ehe auf seine Entschließungsfreiheit durch Drohungen derart eingewirkt worden ist, daß er zum Abschlusse der Ehe bestimmt worden ist, um den Drohungen zu entgehen. Auch ein Vergleich mit der ursprünglichen Fassung im Entwurf I läßt diese Absicht des Gesetzes erkennen. Der § 1270 des Entwurfes I bestimmte, daß die Vorschriften des — dem jetzigen § 1345 entsprechenden — § 1258 mit der Maßgabe entsprechende Anwendung finden, daß . . . der anfechtungsberechtigte Ehegatte dem Ehegatten gleichsteht, welcher die Nichtigkeit der Ehe nicht gekannt . . . hat. Darnach sollte, worüber der § 1270 nach seinem Wortlaute auch keinen Zweifel übrig ließ, durch § 1270 (jetzt § 1346) die Person des Berechtigten für den Fall der Anfechtung der Ehe wegen Drohung bestimmt werden, ohne daß es darauf ankäme, ob ihr die Anfechtbarkeit der Ehe bei der Eheschließung bekannt war oder nicht. Daß bei bloßer Kenntnis der die Anfechtbarkeit der Ehe begründenden Tatsache, nicht auch ihrer Eigenschaft als eines Anfechtungsgrundes — Kenntnis der Anfechtbarkeit der Ehe bei dem nicht anfechtungsberechtigten Ehegatten vorausgesetzt — das Recht des § 1345 dem anfechtungsberechtigten Ehegatten zustehe, würde überdies aus § 1345 selbst sich ergeben, die Bestimmung des § 1346 S. 1 müßte mithin als zwecklos und überflüssig erscheinen.[1]

[1] Vgl. zu dem Letzteren auch Lewin a. a. O. S. 43.

Soweit ist indessen Weyl Recht zu geben, daß sich, abgesehen von der Abweichung im § 1346 S. 1 bezüglich der Person des Berechtigten, die übrigen Voraussetzungen des in § 1345 bestimmten Rechts nach § 1345 beurteilen. Dem anfechtungsberechtigten Ehegatten steht mithin das Recht aus § 1345 nur zu, wenn auch die übrigen Erfordernisse des § 1345 gegeben sind, d. h. nur dann, wenn dem anderen Ehegatten die Anfechtbarkeit der Ehe bekannt war. Läßt sich dies schon aus dem Wortlaute des § 1346 S. 1 folgern, der auf den § 1345 hinweist, indem er das darin bestimmte Recht im Falle der Anfechtung der Ehe wegen Drohung dem anfechtungsberechtigten Ehegatten zuspricht, so ergibt sich dies vor allem aus dem bereits dargelegten Zwecke des § 1346 S. 1, den § 1345 nicht abzuändern, sondern nur die Person des aus § 1345 Berechtigten in dem besonderen Falle der Anfechtung der Ehe wegen Drohung zu bezeichnen. Die Folgerungen, welche sich bei gegenteiliger Auffassung ergeben würden, erscheinen auch ganz unannehmbar. Wollte man das Recht dem anfechtungsberechtigten Ehegatten auch bei Gutgläubigkeit des anderen Ehegatten gewähren, so würde dies zu einer durch nichts gerechtfertigten Besserstellung des bedrohten Ehegatten gegenüber dem gutgläubigen Ehegatten einer nichtigen Ehe führen, dem das Recht des § 1345 nur bei Bösgläubigkeit des anderen Ehegatten zusteht, wogegen bei auch dessen Gutgläubigkeit schlechthin die Folgen der Nichtigkeit eintreten. Wie es andererseits eine große Härte für den nicht anfechtungsberechtigten Ehegatten bedeuten würde, dem anfechtungsberechtigten Ehegatten die Rechte aus § 1345, insbesondere das Recht auf Gewährung von Unterhalt, auch bei Gutgläubigkeit des nicht anfechtungsberechtigten Ehegatten einzuräumen, zumal wenn diesem bei Eingehung der Ehe nicht einmal die die Anfechtbarkeit der Ehe begründende Tatsache der Drohung, wie möglicherweise im Falle der Drohung durch einen Dritten, bekannt gewesen sein sollte.

Diese gegenteilige Auffassung scheint Opet[1] vertreten zu wollen. Nach seinen Darlegungen wäre ohne die Sondervorschrift

[1] Opet a. a. O. Anm. 2 zu § 1346.

des § 1346 S. 1 für das Recht des § 1345 im Falle der Anfechtung der Ehe wegen Drohung kein Raum. Denn ginge die Drohung von einem der Ehegatten aus, so würden wegen beiderseitiger Bösgläubigkeit, ginge sie von einem Dritten aus, wegen beiderseitiger Gutgläubigkeit die allgemeinen Wirkungen der Nichtigkeit einzutreten haben. Da es aber unbillig sei, den bedrohten Ehegatten schlechter zu stellen als den Ehegatten, dem bei der Schließung der Ehe deren Nichtigkeit nicht bekannt war, gewähre der § 1346 S. 1 das Recht des § 1345 auch dem bedrohten Ehegatten. Opet will hiernach offenbar das Recht des § 1345 dem anfechtungsberechtigten Ehegatten ohne Rücksicht darauf geben, ob der andere Ehegatte gutgläubig oder bösgläubig war. Er gelangt zu dieser unrichtigen Auffassung des § 1346 S. 1, weil er Kenntnis der die Anfechtbarkeit begründenden Tatsache gleich Kenntnis der Anfechtbarkeit selbst setzt und infolgedessen einmal für den Fall der Drohung durch den einen Ehegatten verkennt, daß der drohende und der bedrohte Ehegatte nicht immer in Kenntnis der Anfechtbarkeit der Ehe, mithin bösgläubig im Sinne des § 1345 gewesen zu sein brauchen, dann aber auch übersieht, daß im Falle der Drohung durch einen Dritten der nicht anfechtungsberechtigte Ehegatte von der Drohung durch den Dritten und der hierdurch begründeten Anfechtbarkeit Kenntnis gehabt und auch der bedrohte Ehegatte außer der Zwangslage um die Anfechtbarkeit der Ehe gewußt haben kann.

Die Vorschriften des § 1346 S. 1 greifen nicht nur Platz, wenn die Drohung von dem anderen Ehegatten selbst ausging; wie bereits angedeutet worden ist, müssen sie auch Anwendung finden, wenn ein Dritter den einen Ehegatten widerrechtlich durch Drohung zur Eingehung der Ehe bestimmt hatte. Anders als in dem Falle der arglistigen Täuschung (vgl. § 1334 Abs. 1 S. 2) ist die Ehe hier nach § 1335 auch dann anfechtbar, wenn der nicht anfechtungsberechtigte Ehegatte bei der Schließung der Ehe von der Drohung durch den Dritten keine Kenntnis hatte. Weyl[1] will hier für den Fall, daß das Recht des § 1345 dem anfechtungsberechtigten Ehegatten nicht zustehe, weil der andere Ehegatte

---

[1] Weyl a. a. O. S. 574.

sich in gutem Glauben befunden habe, und der anfechtungsberechtigte Ehegatte auch die Anfechtbarkeit der Ehe gekannt habe, das Recht des § 1345 auf den anderen gutgläubigen Ehegatten überspringen lassen. Er führt aus, daß ja, wenigstens falls der andere Ehegatte von der Drohung überhaupt nichts gewußt habe, dem Bedrohten dagegen die Anfechtbarkeit der Ehe bekannt gewesen sei, der normale Tatbestand wieder hergestellt sei, den § 1345 Abs. 1 zum Ausgangspunkte des ganzen Rechtsinstituts der darin dem gutgläubigen Ehegatten gegebenen Wahlbefugnis mache. Wolle man die Wahlbefugnis auch hier dem anfechtungsberechtigten Ehegatten bewilligen, so läge hierin einmal ein durch die Vorschrift des § 1346 S. 1 nicht genügend gerechtfertigter Widerspruch mit dem Grundgedanken des § 1345, weil ja nun die allerdings auch hier vorhandene Rollenungleichheit, die der § 1345 voraussetze, zu ungunsten des gutgläubigen und zugunsten des bösgläubigen Ehegatten wirksam würde, und dann eine gesetzgeberische Unbilligkeit, weil nunmehr „die Willensschwäche auf Kosten der Harmlosigkeit prämiiert" erschiene. Umgekehrt werde zugunsten eines Überspringens des Wahlrechts die Analogie des § 1346 S. 2 dienstbar gemacht werden können, indem man sage, daß ebensogut wie derjenige, welcher sich auf seine Gefahr irrte, auch derjenige sich die Behandlung als fiktiv geschiedener Ehegatte gefallen lassen müsse, welcher sich einschüchtern ließe, während der andere Ehegatte zum Eintritte der Zwangslage nichts beigetragen habe und von ihr sogar ahnungslos gewesen sei. Auch für den Fall, daß — bei Kenntnis des anfechtungsberechtigten Ehegatten auch von der Anfechtbarkeit der Ehe — der nicht anfechtungsberechtigte Ehegatte zwar nicht die Anfechtbarkeit der Ehe, wohl aber die Zwangslage kannte, die ein Dritter — oder vielleicht auch er selber — hervorgerufen hatte, will Weyl das Recht des § 1345 dem anfechtungsberechtigten Ehegatten versagen und auf den nicht anfechtungsberechtigten Ehegatten übergehen lassen. Denn der § 1345 erkläre ungleiche Rollenverteilung hinsichtlich der Anfechtbarkeit der Ehe als Voraussetzung des Rechts aus ihm für genügend, lasse aber die Rollenverteilung hinsichtlich des Anfechtungsgrundes unberücksichtigt.

Der Ansicht WEYL's kann nicht beigepflichtet werden. Das Gesetz bietet für sie keinen Anhalt, es fehlt ihr auch an innerer Berechtigung. Der § 1346 S. 1 bestimmt einfach, daß das im § 1345 enthaltene Recht im Falle der Anfechtung wegen Drohung dem anfechtungsberechtigten Ehegatten zustehen soll. Das Gesetz räumt dem Bedrohten, wie bereits betont worden ist, eben deshalb die sonst dem gutgläubigen Ehegatten zukommende bevorzugte Stellung ein, weil der bedrohte Ehegatte bei der Eingehung der Ehe sich in einer Zwangslage befunden hat und in dieser nur seine Erklärung abgegeben hat. Und hieran ändert auch der Umstand nichts, daß die Drohung von einem Dritten ausging. Denn die Zwangslage bleibt immer die gleiche, der Bedrohte befindet sich immer in der schlechteren Lage, mag die Drohung von dem anderen Ehegatten oder von einem Dritten hervorgerufen worden sein.[1] So viel ist WEYL allerdings Recht zu geben, in dem Falle, daß der andere Ehegatte von der Drohung durch den Dritten überhaupt nichts oder doch nichts von der durch sie begründeten Anfechtbarkeit der Ehe gewußt hat, müsse das Recht des anfechtungsberechtigten Ehegatten in Fortfall kommen. Dies hängt eben, wie auch WEYL nicht verkennt, damit zusammen, daß auch in dem Falle der Anfechtung wegen Drohung an den übrigen Voraussetzungen des § 1345, nämlich der Bösgläubigkeit des anderen Ehegatten, festgehalten werden muß. In diesem Falle aber das Recht aus § 1345 dem gutgläubigen nicht anfechtungsberechtigten Ehegatten zuzusprechen, liegt kein Grund vor. Daß dem anfechtungsberechtigten Ehegatten das Recht des § 1345 auch dann zusteht, wenn er selbst die Anfechtbarkeit der Ehe gekannt hat, was WEYL freilich bestreitet, ist oben[2] darzulegen versucht worden. Es wäre unbillig, wollte man, obwohl

---

[1] Es ist STAUDINGER — a. a. O. Anm. 7 zu § 1335 — zuzustimmen, wenn er behauptet, der durch Drohung bestimmte Ehegatte sei — stets — als gutgläubig im Sinne des § 1345 zu behandeln. Wie STAUDINGER auch THIESING a. a. O. S. 181, 184. Vgl. auch die Gleichstellung des widerrechtlich durch Drohung zur Eingehung der Ehe bestimmten Ehegatten mit einem die Nichtigkeit der Ehe bei der Eheschließung nicht kennenden Ehegatten in § 1704.

[2] Vgl. oben S. 29.

hiernach die Voraussetzungen des Rechts aus § 1345 in der Person des anfechtungsberechtigten Ehegatten an sich gegeben sein würden, das gleiche Recht dem anderen Ehegatten einräumen und dadurch dem anfechtungsberechtigten Ehegatten nicht nur die Wohltat des § 1345 nehmen, sondern ihm auch noch die sich aus dem Rechte des § 1345 ergebenden Verpflichtungen auferlegen. Es ließe sich auch durch nichts rechtfertigen, dem nicht anfechtungsberechtigten Ehegatten das Recht aus § 1345 auch für den Fall zu bewilligen, daß die Drohung durch den Dritten eine auch noch so nachdrückliche war, wenn der Bedrohte nur auch die durch die Drohung begründete Anfechtbarkeit der Ehe kannte. Worin ferner hier zu einer analogen Anwendung des § 1346 S. 2 die Gleichheit des Grundes liegen soll, ist nicht ersichtlich. Zu einem ganz unhaltbaren Ergebnisse würde aber die Auslegung Weyl's in dem von ihm angeführten weiteren Falle führen, in dem er das Recht des § 1345 gleichfalls auf den nicht anfechtungsberechtigten Ehegatten überspringen lassen will, nämlich in dem Falle, daß dem nicht anfechtungsberechtigten Ehegatten zwar nicht die Anfechtbarkeit, wohl aber die Zwangslage bekannt war. Man müßte hiernach dem nicht anfechtungsberechtigten Ehegatten das Recht des § 1345 auch dann geben, wenn die Drohung mit seinem Wissen und Willen durch einen Dritten — oder gar durch ihn selbst — hervorgerufen worden war, falls ihm nur nicht die rechtliche Bedeutung der Drohung des Dritten — oder seiner eigenen Drohung — für den Bestand der Ehe bekannt war. Der nicht anfechtungsberechtigte Ehegatte würde dafür, daß er die Drohung durch den Dritten mit seinem Wissen hat geschehen lassen — oder gar selbst herbeigeführt hat —, noch belohnt werden, indem ihm das Recht des § 1345 gegeben würde. Wenn Weyl der Betonung dieses Umstandes entgegenhalten will, „daß die sogar auf die Anfechtbarkeit der Ehe bezügliche Kenntnis des Anfechtungsklägers einen stärkeren Grad von mala fides repräsentiere" und daß dem anfechtungsberechtigten Ehegatten ganz recht geschehe, wenn er nichts getan habe, sich dieser Zwangslage zu widersetzen,[1] so ist demgegen-

[1] Weyl a. a. O. S. 574 und Anm. 110.

über doch darauf hinzuweisen, daß das Gesetz doch hier wie immer den Bedrohten, der sich der Zwangslage vielleicht gar nicht widersetzen konnte, als den Schwächeren gegen das ihm durch die Drohung zugefügte objektive Unrecht dem drohenden oder dem die Drohung zulassenden Vertragsgegner gegenüber schützt und zu schützen hat. Es ist vielmehr anzunehmen, daß auch in den von Weyl hervorgehobenen Fällen bei Fortfall des Rechts auf seiten des anfechtungsberechtigten Ehegatten wegen guten Glaubens des nicht anfechtungsberechtigten Ehegatten es bei den Folgen der Nichtigkeit verbleiben muß. Da hier der Bedrohte dem gutgläubigen Ehegatten gleich zu behandeln ist, kann auch bei Gutgläubigkeit des anderen Ehegatten diesem das Recht des § 1345, das die Bösgläubigkeit des anderen Teils zur Voraussetzung hat, nicht zustehen.[1]

Die Beweislast regelt sich bei Anfechtung der Ehe wegen Drohung dahin, daß der Ehegatte, der das Recht des § 1345 für sich in Anspruch nehmen will, die Drohung und, ging diese von dem anderen Ehegatten aus, dessen Kenntnis der durch die Drohung begründeten Anfechtbarkeit der Ehe zur Zeit der Eheschließung, erfolgte sie durch einen Dritten, die Kenntnis des anderen Ehegatten von der Drohung und von deren Eigenschaft als eines Anfechtungsgrundes zu beweisen hat. Dagegen kann der nicht anfechtungsberechtigte Ehegatte die Geltendmachung des in § 1345 bestimmten Rechts durch den anfechtungsberechtigten Ehegatten nicht etwa, wie der in Anspruch genommene Ehegatte im Regelfalle des § 1345, durch den Nachweis ausschließen, daß auch der bedrohte Ehegatte die Anfechtbarkeit der Ehe bei der Eheschließung gekannt habe, da dieser nach dem oben Ausgeführten auch in diesem Falle sich auf das Recht des § 1345 Abs. 1 zu berufen vermag.

2. Wie der Satz 1 des § 1346 für den Fall der Anfechtung der Ehe wegen Drohung, so bestimmt der Satz 2 des § 1346 für den Fall der Anfechtung wegen Irrtums die Person des Berechtigten abweichend von den allgemeinen Vorschriften des § 1345.

---

[1] Der gleichen Ansicht wie hier im Ergebnisse Staudinger a. a. O. Anm. 1 zu § 1346, Thiesing a. a. O. S. 181, 184, Lewin a. a. O. S. 45. Vgl. auch Sauer a. a. O. § 47 II (S. 256).

Im Falle der Anfechtung der Ehe wegen Irrtums soll nach § 1346 S. 2 der zur Anfechtung nicht berechtigte, d. h. der nicht im Irrtum befangene Ehegatte der aus § 1345 Berechtigte sein. Wollte man den Fall der Anfechtung der Ehe wegen Irrtums den Vorschriften des § 1345 schlechthin unterstellen, so würde der nicht irrende Ehegatte das Recht des § 1345 niemals für sich geltend machen können, weil ja der andere Ehegatte bei Eingehung der Ehe sich stets, wenn er irrte, in Unkenntnis der Anfechtbarkeit der Ehe befunden hat, das Recht des § 1345 mithin für den nicht im Irrtum befangenen Ehegatten wegen Gutgläubigkeit des anderen Ehegatten ausgeschlossen bleiben müßte. Der Entwurf I enthielt in § 1270 nur eine von der Regelvorschrift abweichende Bestimmung der Person des Berechtigten für den Fall der Anfechtung der Ehe wegen Drohung, dagegen war eine besondere Regelung für den Fall der Anfechtung wegen Irrtums nicht vorgesehen. Erst die Kommission für die zweite Lesung des Entwurfes eines Bürgerlichen Gesetzbuches nahm in ihrer Mehrheit einen dahingehenden Zusatzantrag an in der Erwägung, daß, wer sich irre, dies auf seine Gefahr tue. Dies treffe auch in dem Falle zu, daß ein Ehegatte bei der Schließung der Ehe sich in einem Irrtume befunden habe. Der von der Anfechtung betroffene Ehegatte müsse deswegen die gleichen Rechte haben, wie wenn dem anderen Teile die Anfechtbarkeit der Ehe bekannt gewesen wäre. Diese strenge Haftung des Irrenden auf die Verkehrsgeschäfte zu beschränken, wie es die Minderheit der Kommission tun wollte, sei nicht angängig. Auch bei dem Abschlusse einer Ehe, bei der weit wichtigere Interessen als bei den meisten Verkehrsgeschäften auf dem Spiele ständen, könne man von jedem eine gleiche, wenn nicht erhöhte Achtsamkeit verlangen und müsse jeder sich sagen, daß der andere Teil auf die vor dem Standesbeamten abgegebene Erklärung sich verlasse. Der irrende Ehegatte dürfe sich daher nicht beklagen, wenn er für den Fall, daß er die Ehe wegen Irrtums anfechte, den anderen Teil in gleichem Umfange entschädigen müsse, als hätte er die Anfechtbarkeit bei dem Abschlusse der Ehe gekannt.[1] Diese Erwägungen sind auch

---

[1] Vgl. Protokolle Bd. IV S. 92, 93.

durchaus gerechtfertigt, und aus ihnen ist als Absicht des Gesetzes zu entnehmen, den Ehegatten, der auf die Gültigkeit der Eheschließungserklärung vertraut hat, durch den irrenden, die Ehe anfechtenden Ehegatten schadlos halten zu lassen.

Die Verpflichtung, den durch die Anfechtung betroffenen Ehegatten in gleichem Umfange zu entschädigen, als sei ihm die Anfechtbarkeit bei Eingehung der Ehe bekannt gewesen, trifft den anfechtungsberechtigten Ehegatten ohne Rücksicht darauf, ob ihm ein Verschulden zur Last fällt oder nicht, ob sein Irrtum auf Fahrlässigkeit beruhte oder nicht. Denn die Verpflichtung des Irrenden findet ihren Grund nicht in der Verschuldung; das Gesetz läßt es vielmehr hier zur Haftung genügen, daß der Erklärende durch seine Handlung den Schaden veranlaßt hat. Demgegenüber sind — im Gegensatze zu § 1345 — die Anforderungen, die das Gesetz an den Bestand des Rechts aus § 1345 im Falle der Anfechtung der Ehe wegen Irrtums stellt, erhöhte. Denn während im Falle des § 1345 nur die auch das Wissen um die Anfechtbarkeit der Ehe selbst umfassende Kenntnis des Berechtigten das in § 1345 bestimmte Recht auszuschließen vermag, wogegen die bloße Kenntnis der die Anfechtbarkeit begründenden Tatsache, des Anfechtungsgrundes, ohne Einfluß ist, bezeichnet das Gesetz hier den Anfechtungsgrund als dasjenige, worauf sich die für den Ausschluß maßgebliche Kenntnis zu beziehen hat. Während sonach in den sonstigen Fällen der Nichtigkeit oder Anfechtbarkeit der Ehe das Recht aus § 1345 nur bei positiver Kenntnis der Nichtigkeit oder Anfechtbarkeit ausgeschlossen ist — im Falle der Anfechtung der Ehe wegen Drohung ist auch die Kenntnis des nach § 1346 S. 1 Berechtigten von der Anfechtbarkeit der Ehe ohne Bedeutung auf sein Recht —, entfällt es in dem Falle der Anfechtung der Ehe wegen Irrtums schon dann, wenn dem nicht anfechtungsberechtigten Ehegatten der Anfechtungsgrund bekannt war oder auch nur infolge Fahrlässigkeit unbekannt geblieben war. Der Halbsatz 2 des Satzes 2 des § 1346 bestimmt, daß das Recht dem zur Anfechtung nicht berechtigten Ehegatten dann nicht zusteht, wenn dieser den Irrtum des anderen Ehegatten bei der Eingehung der Ehe kannte oder kennen mußte. Diese Vorschrift entspricht dem § 122 Abs. 2, wonach die Schadensersatzpflicht, die den seine Willenserklärung wegen Irrtums bei deren Abgabe Anfechtenden sonst trifft, dann nicht eintreten soll, wenn der Beschädigte den Grund der Anfechtbarkeit kannte oder infolge von Fahrlässigkeit nicht kannte (kennen mußte). Die Bestimmung rechtfertigt sich hier — wie dort — aus der Erwägung, daß der Beschädigte, der nicht anfechtungsberechtigte Ehegatte, eines Schutzes dann nicht würdig ist und den gegebenenfalls eintretenden Schaden auch selbst zu verantworten hat, wenn er, obwohl ihm die Mangelhaftigkeit der Eheschließungserklärung bekannt war oder er den Anfechtungsgrund bei Anwendung der im Verkehr erforderlichen Sorgfalt bei Eingehung der Ehe hätte kennen müssen, sich auf diese eingelassen hat, der Eintritt des Schadens mithin mit an ihm selber liegt.

Daß der das Recht aus § 1345 in Anspruch nehmende Ehegatte bei Eingehung der Ehe den Irrtum kannte oder aus Fahrlässigkeit nicht kannte, hat der im Irrtume befangene Ehegatte einzuwenden und zu beweisen.[1] Es ergibt sich dies deutlich aus der Fassung des § 1346 S. 2 a. E. („es sei denn").

In gleicher Weise wie im Falle der Anfechtung der Ehe wegen Drohung durch einen Dritten bei Gutgläubigkeit des nicht anfechtungsberechtigten Ehegatten entsteht auch im Falle der Anfechtung wegen Irrtums die Frage, ob, wenn das Recht aus § 1345 in der Person des einen — hier des nicht anfechtungsberechtigten — Ehegatten nicht zur Entstehung kommt, es etwa dem anderen — hier dem im Irrtume befangenen — Ehegatten zukommt. Nach den obigen Darlegungen entfällt das aus § 1345 hergeleitete Recht des nicht irrenden, nicht anfechtungsberechtigten Ehegatten dann, wenn dieser den Irrtum des anderen Ehegatten bei Eingehung der Ehe kannte oder kennen mußte. Ein Überspringen des Rechts auf den anfechtungsberechtigten Ehegatten ist nun nur denkbar, wenn man für diesen Fall wieder die Regelvorschrift des § 1345 für anwendbar erklärt. Darnach ist aber für ein Entstehen des Rechts in der Person des im Irrtume befangenen Ehegatten nur Platz, wenn der nicht irrende Ehegatte nicht nur den Irrtum, sondern auch dessen Eigenschaft als eines

---

[1] Ebenso z. B. Planck a. a. O. Bem. 2 zu § 1346, Staudinger a. a. O. Anm. 2 zu § 1346.

Anfechtungsgrundes kannte. Denn nur dann sind die Voraussetzungen, von denen der § 1345 ausgeht, wieder erfüllt.

Es steht nun nichts entgegen, für den Fall, daß der nicht anfechtungsberechtigte Ehegatte bei der Eheschließung außer dem Irrtume auch die durch diesen begründete Anfechtbarkeit der Ehe kannte, das Recht aus § 1345 dem anfechtungsberechtigten, im Irrtume befangenen Ehegatten einzuräumen. Eine erschöpfende Regelung bezüglich der Person des aus § 1345 berechtigten Ehegatten, wie für den Satz 1 des § 1346, deren Annahme dort dazu führen mußte, ein Überspringen des im § 1345 bestimmten Rechts auf den gutgläubigen nicht anfechtungsberechtigten Ehegatten im Falle der Anfechtung der Ehe wegen Drohung durch einen Dritten für ausgeschlossen zu erachten, kann für den Satz 2 des § 1346 nicht angenommen werden. Für eine völlige Gleichstellung des nicht im Irrtume befangenen Ehegatten mit einem gutgläubigen Ehegatten lassen sich keine entsprechenden Gründe wie für die Gleichstellung des bedrohten Ehegatten mit einem solchen anführen. Wenn dem nicht anfechtungsberechtigten Ehegatten durch den § 1346 S. 2 bei Anfechtung der Ehe durch den irrenden Ehegatten das Recht aus § 1345 für den Fall gegeben wird, daß ihm der Irrtum des anderen Ehegatten bei Eingehung der Ehe nicht bekannt war, seine Unkenntnis auch nicht auf Fahrlässigkeit beruhte, so geschieht dies nur aus Gründen der Billigkeit, um ihn in seinem Vertrauen auf die Gültigkeit der Eheschließung zu schützen. Diese Rücksichtnahme entfällt jedoch, wenn der Ehegatte den Irrtum des anderen Ehegatten bei Eingehung der Ehe kannte oder aus Fahrlässigkeit nicht kannte, und hat er bei der Eheschließung außer um den Irrtum auch um die dadurch begründete Anfechtbarkeit der Ehe gewußt, so unterscheidet sich der Fall in nichts von dem Regelfalle des § 1345. Es erscheint daher durchaus gerechtfertigt, dem anfechtungsberechtigten Ehegatten gegenüber dem nicht anfechtungsberechtigten Ehegatten, der die Ehe einging, wiewohl ihm bekannt war, daß der andere Ehegatte sich in einem Irrtume befand und dieser Umstand die Ehe nicht zu Recht bestehen ließ, wie dem gutgläubigen Ehegatten gegenüber dem die Anfechtbarkeit der Ehe bei Eingehung derselben kennenden Ehegatten das Recht des § 1345 zuzugestehen. — Kannte dagegen der nicht anfechtungsberechtigte Ehegatte nur den Irrtum des anderen Ehegatten bei Eingehung der Ehe oder mußte er ihn kennen, war ihm jedoch dessen Bedeutung als eines Anfechtungsgrundes nicht bekannt, so muß es bei den Folgen der Nichtigkeit der Ehe verbleiben. Denn dann ist zwar das in § 1345 bestimmte Recht für den nicht anfechtungsberechtigten Ehegatten ausgeschlossen, für das Entstehen des Rechts in der Person des anfechtungsberechtigten Ehegatten fehlt es jedoch am Vorliegen der allgemeinen Voraussetzung — Bösgläubigkeit des anderen Ehegatten — des § 1345.[1]

[1] Der gleichen Ansicht im Ergebnisse wie hier sind nur Thiesing — a. a. O. S. 183, 184 — und Weyl — a. a. O. S. 611, 612 —. Zu Unrecht räumen das Recht des § 1345 dem irrenden Ehegatten auch nur bei Kenntnis des Irrtums durch den anderen Ehegatten ein Opet — a. a. O. Anm. 3a und b zu § 1346 — und Hachenburg — a. a. O. S. 292 — (diese beiden Schriftsteller auch für den Fall der Unkenntnis des Irrtums aus Fahrlässigkeit) sowie Reichsgerichtsräte — a. a. O. Anm. 4 zu § 1346 — (bei diesen liegt aber möglicherweise nur eine Ungenauigkeit im Ausdrucke, Setzung der Kenntnis des Irrtums statt der Kenntnis der durch diesen begründeten Anfechtbarkeit, welche Unterscheidung sie sonst zu machen wissen, vor). Die Unrichtigkeit dieser Ansicht ergibt sich aus dem im Texte Ausgeführten. Planck — a. a. O. Bem. 2 zu § 1346 — will dem Irrenden das Recht aus § 1345 nicht geben, weil, regele der Satz 1 des § 1346 das Recht aus § 1345 für den Fall der Anfechtung der Ehe wegen Drohung erschöpfend, wohl die gleiche Absicht auch für den Satz 2 im Falle der Anfechtung wegen Irrtums anzunehmen sei. Dieser Grund dürfte jedoch nicht so sehr ins Gewicht fallen, zumal, wie bereits erwähnt worden ist, der Entwurf I eine besondere Regelung des Falles der Anfechtnng wegen Irrtums überhaupt nicht vorgesehen hatte, die Bestimmung in Satz 2 vielmehr erst später durch die 2. Kommission lediglich aus Billigkeitsrücksichten eingefügt worden ist. Staudinger — a. a. O. Anm. 2 zu § 1346 — spricht zwar nur davon, daß das Recht aus § 1345 dem nicht anfechtungsberechtigten Ehegatten nicht zustehe, wenn ihm der Irrtum des anfechtungsberechtigten Ehegatten bekannt oder nur infolge von Fahrlässigkeit unbekannt war, es in diesem Falle vielmehr bei den Folgen der Nichtigkeit verbleibe. Offenbar will er aber bei Fortfall des Rechts aus § 1345 in der Person des nicht anfechtungsberechtigten Ehegatten in jedem Falle die Folgen der Nichtigkeit eintreten und das Recht des § 1345 nicht etwa in der Person des anfechtungsberechtigten Ehegatten zur Entstehung kommen lassen, wie sich aus der Verweisung einerseits auf Planck, andererseits auf Opet, Thiesing und Weyl ergibt. Wie Staudinger auch Mayer-Reis — a. a. O. § 9, I, 4b (S. 38). Entgegengesetzter Ansicht ferner auch Lewin — a. a. O. S. 47.

Der § 1346 S. 2 spricht allgemein davon, daß, wenn die Ehe wegen Irrtums angefochten wird, das in § 1345 Abs. 1 bestimmte Recht dem nicht anfechtungsberechtigten Ehegatten zustehen soll. Daß der § 1333, nach dem eine Ehe von dem Ehegatten angefochten werden kann, der sich bei der Eheschließung in der Person des anderen Ehegatten oder über solche persönliche Eigenschaften des anderen Ehegatten geirrt hat, die ihn bei Kenntnis der Sachlage und bei verständiger Würdigung des Wesens der Ehe von der Eingehung der Ehe abgehalten haben würden, dem § 1346 S. 2 unterfällt, kann füglich nicht in Zweifel gezogen werden. Dagegen herrscht in der Literatur darüber Streit, ob der § 1332 dem § 1346 S. 2 oder dem § 1345 zu unterstellen sei. Nach § 1332 ist eine Ehe von dem Ehegatten anfechtbar, der bei der Eheschließung nicht gewußt hat, daß es sich um eine Eheschließung handle, oder der dies zwar gewußt hat, aber eine Erklärung, die Ehe eingehen zu wollen, nicht hat abgeben wollen. Beide von dem § 1332 geregelten Fälle sind als reine Irrtumsfälle anzusprechen. Hat der Erklärende bei Eingehung der Ehe nicht gewußt, daß es sich um eine Eheschließung handle, so irrt er über die Bedeutung des Eheschließungsvorganges. Hat der Erklärende zwar die richtige Vorstellung von der Bedeutung des Eheschließungsaktes gehabt, die von ihm abgegebene Erklärung aber nicht abgeben wollen, so irrt er über die Bedeutung der von ihm abgegebenen Erklärung. In beiden Fällen will der Erklärende eine Erklärung, die Ehe eingehen zu wollen, gar nicht abgeben, und der Mangel der Übereinstimmung des wirklich vorhandenen Willens mit dem erklärten Willen ist auf Irrtum des Erklärenden zurückzuführen. Mit der herrschenden Meinung[1] wird man daher annehmen müssen, daß auch der § 1332 dem § 1346 S. 2 unterfällt. Würde man den § 1332 dem § 1345 unterstellen, so wäre das Ergebnis, daß das im § 1345 Abs. 1 bestimmte Recht nur in der Person des anfechtungsberechtigten Ehegatten zur Entstehung gelangen könnte, dagegen nie in der

---

[1] Siehe die Angaben über die verschiedenen Meinungen in der Literatur bei Weyl a. a. O. S. 568. Wie die herrschende Meinung auch Reichsgerichtsräte a. a. O. Anm. 2 zu § 1346.

Person des nicht anfechtungsberechtigten Ehegatten. Denn in den Fällen, daß der eine Ehegatte bei Eingehung der Ehe überhaupt nicht wußte, daß es sich um eine Eheschließung handle, oder dies zwar wußte, aber auch hier eine Ehe gar nicht eingehen wollte, wäre auf seiner Seite eine Kenntnis der Anfechtbarkeit der — gar nicht gewollten — Ehe bei deren Eingehung, wie sie der § 1345 zur Voraussetzung macht, wie im Falle des Irrtums des § 1333 notwendig ausgeschlossen. Für ein Entstehenlassen des in § 1345 Abs. 1 bestimmten Rechts auch — und in erster Linie — in der Person des nicht anfechtungsberechtigten Ehegatten dürften jedoch die gleichen Erwägungen sprechen, die für den Gesetzgeber zur Aufstellung der Sondervorschrift des § 1346 S. 2 bestimmend gewesen sind.

Von einigen Schriftstellern[1] ist in der Literatur noch unternommen worden, auch den § 1334 unter den § 1346 S. 2 einzureihen. Der § 1334 erklärt eine Ehe von dem Ehegatten für anfechtbar, der zur Eingehung der Ehe durch arglistige Täuschung über solche Umstände bestimmt worden ist, die ihn bei Kenntnis der Sachlage und bei verständiger Würdigung des Wesens der Ehe von der Eingehung der Ehe abgehalten haben würden. Der Fall der arglistigen Täuschung ist mit dem Falle des Irrtums insofern verwandt, als auch bei ihm der Getäuschte seine Erklärung in einem Irrtume abgegeben hat, in den er vermöge der Vorspiegelung falscher Tatsachen durch einen anderen — den anderen Ehegatten oder einen Dritten — verfallen ist. Im Gesetze wie auch in den Materialien und den Motiven wird der Fall der arglistigen Täuschung jedoch nirgends als Irrtumsfall behandelt. Eine etwaige Einstellung des § 1334 unter den § 1346 S. 2 verbietet auch schon der Wortsinn des § 1346 S. 2. Nach § 1346 S. 2 steht das in § 1345 bestimmte Recht dem an sich zur Geltendmachung befugten nicht anfechtungsberechtigten Ehegatten dann nicht zu, wenn dieser den Irrtum des anderen Teiles kannte (oder kennen mußte). Nun setzt aber die Anfechtung wegen arglistiger Täuschung gerade voraus, daß die Täuschung entweder von dem anderen Ehegatten selbst veranlaßt worden oder, falls

[1] Vgl. die Meinungsangaben bei Weyl a. a. O. S. 568.

ein Dritter die Täuschung hervorgerufen hatte, diese doch mit Kenntnis des anderen Ehegatten erfolgt ist (vgl. § 1334 Abs. 1 S. 2), dieser Ehegatte mithin den „Irrtum“ des anfechtungsberechtigten Ehegatten kannte. Wo die Anwendbarkeit des § 1346 S. 2 gegeben ist, ist daher für den § 1334 kein Raum oder, wie Weyl[1] es ausdrückt, „die Tatbestände des § 1334 und des § 1346 S. 2 verneinen sich gegenseitig.“ Man wird daher den Fall der arglistigen Täuschung mit der herrschenden Meinung[2] unter den § 1345, nicht unter den § 1346 S. 2 einzustellen haben. Daraus ergibt sich, daß bei arglistiger Täuschung dem nicht anfechtungsberechtigten Ehegatten das in § 1345 bestimmte Recht nie zustehen kann, da ja der Getäuschte stets in Unkenntnis der Anfechtbarkeit der Ehe gewesen ist, mag die Täuschung von dem anderen Ehegatten selbst oder von einem Dritten ausgegangen sein, das Recht des § 1345 vielmehr nur für den anfechtungsberechtigten Ehegatten in Frage kommen kann. Dem anfechtungsberechtigten Ehegatten steht aber das Recht nach § 1345 nur unter der Voraussetzung zu, daß der nicht anfechtungsberechtigte Ehegatte nicht nur die — von ihm selbst oder mit seinem Wissen von einem Dritten hervorgerufene — arglistige Täuschung, sondern auch die dadurch begründete Anfechtbarkeit der Ehe kannte. War dagegen die Täuschung von einem Dritten herbeigeführt worden und kannte auch der andere Ehegatte die Täuschung nicht, so ist, da in diesem Falle, wie bereits erwähnt worden ist, nach § 1334 Abs. 1 S. 2 eine Anfechtung überhaupt nicht gegeben ist, auch für die Anwendbarkeit des § 1345 kein Raum. Hierbei ist jedoch, worauf Weyl[3] hinweist, zu bemerken, daß in diesem Falle unter Umständen eine Anfechtung aus dem Gesichtspunkte des Irrtums gegeben sein kann. Weyl führt aus, daß in den weitaus meisten Fällen einer vom Gesetze durch den § 1334 überhaupt für erheblich erachteten arglistigen Täuschung die Täuschung sich auf solche Umstände beziehen werde, welche zu-

[1] Weyl a. a. O. S. 570.

[2] Vgl. die Meinungsangaben bei Weyl a. a. O. S. 568. Wie die herrschende Meinung jetzt auch Mayer-Reis a. a. O. § 9, I, 4a (S. 38); so ferner Thiesing a. a. O. S. 186, Reichsgerichtsräte a. a. O. Anm. 2 zu § 1346.

[3] Weyl a. a. O. S. 570.

gleich unter den § 1333 fielen, indem sie persönliche Eigenschaften des anderen Ehegatten beträfen. Hier greife nun aber eben bei beiderseitiger Gutgläubigkeit der Ehegatten der § 1346 S. 2 ein, selbst wenn arglistige Machinationen Dritter dahinter stäcken. Auf diese Weise werde also trotz grundsätzlicher Unanwendbarkeit der §§ 1345ff. bei einer von fremder Seite ausgehenden, dem anderen Ehegatten unbekannten arglistigen Täuschung dennoch die Anwendbarkeit des § 1346 S. 2 für die Mehrzahl der Fälle erschlossen. Diesen Ausführungen kann zugestimmt werden. Das Recht aus § 1345 würde freilich dann nicht dem getäuschten, sondern dem anderen Ehegatten als dem wegen Irrtums nicht anfechtungsberechtigten Ehegatten zustehen, für ihn aber schon dann in Wegfall kommen, wenn er bei Anwendung der im Verkehr erforderlichen Sorgfalt von dem Anfechtungsgrunde Kenntnis hätte haben müssen.

In gleicher Weise wie im Falle der Anfechtbarkeit der Ehe wegen arglistiger Täuschung greifen die allgemeinen Grundsätze des § 1345 Platz, wenn die Ehe von dem Ehegatten, der zur Zeit der Eheschließung oder zur Zeit der Bestätigung einer während der Geschäftsunfähigkeit geschlossenen Ehe beschränkt geschäftsfähig war und dem zur Eheschließung oder Bestätigung die Einwilligung des gesetzlichen Vertreters fehlte (vgl. § 1331), angefochten und zufolge der Anfechtung für nichtig erklärt oder vor erfolgter Nichtigkeitserklärung aufgelöst worden ist. Voraussetzung der Geltendmachung des im § 1345 bestimmten Rechts durch den einen Ehegatten in diesem Falle ist daher, daß dem anderen Ehegatten zu dem maßgebenden Zeitpunkte die beschränkte Geschäftsfähigkeit und ihre Bedeutung als eines Anfechtungsgrundes bekannt, ihm selbst aber unbekannt war.

III. Es bleibt noch der Fall zur Betrachtung übrig, daß eine Ehe, die von dem Ehegatten einer früheren Ehe nach erfolgter Todeserklärung des anderen Ehegatten eingegangen ist, angefochten wird, weil der für tot erklärte Ehegatte der früheren Ehe noch lebt. Der § 1350 bestimmt, daß, wenn ein Ehegatte eine neue Ehe eingeht, nachdem der andere Ehegatte für tot erklärt worden ist, jeder Ehegatte der neuen Ehe, falls der für tot erklärte Ehegatte noch lebt, die neue Ehe anfechten kann, es sei denn, daß er bei der Eheschließung von dessen Leben Kenntnis hatte. Wie sich aus der in § 1330 ausgesprochenen Gleichstellung des Anfechtungsgrundes des § 1350 mit den Anfechtungsgründen der §§ 1331 bis 1335 ergibt, finden auch auf den § 1350 die allgemeinen Vorschriften über die Anfechtbarkeit der Ehe Anwendung, es ist daher auch das Verhältnis unter den Ehegatten einer nach § 1350 anfechtbaren und angefochtenen Ehe nach erfolgter Nichtigkeitserklärung oder Auflösung an sich nach den §§ 1345 ff. zu beurteilen.

Es kann mithin der Ehegatte, welcher von dem Leben des für tot Erklärten bei Eingehung der Ehe keine Kenntnis hatte, von dem anderen Ehegatten, dem das Fortleben des für tot Erklärten und die dadurch gesetzte Anfechtbarkeit der Ehe bekannt war, nach § 1345 verlangen, daß ihr Verhältnis in vermögensrechtlicher Beziehung, insbesondere auch in Ansehung der Unterhaltspflicht, nach den Grundsätzen des Scheidungsrechts behandelt werde. Erfolgte jedoch die Anfechtung durch den allein gutgläubigen Ehegatten der früheren Ehe, so steht ihm, falls der für tot Erklärte zur Zeit der Nichtigkeitserklärung der neuen Ehe noch lebt, der aus § 1345 hergeleitete Unterhaltsanspruch gegen den anderen Ehegatten der neuen Ehe nicht zu. Die Wirkung der erfolgten Anfechtung besteht ja darin, daß die neue Ehe als von Anfang an nichtig anzusehen ist. Daraus folgt aber, daß auch die an die Schließung der neuen Ehe von § 1348 Abs. 2 geknüpfte Rechtsfolge der Auflösung der ersten Ehe hinfällig wird und die frühere Ehe noch fortbesteht.[1] Zwischen den Ehegatten der früheren Ehe besteht somit auch die regelmäßige Unterhaltspflicht der §§ 1360, 1361, sodaß dem gutgläubigen Ehegatten auch noch ein Unterhaltsanspruch gegen den anderen Ehegatten der neuen Ehe zu versagen ist. Die Lage ist die gleiche wie in dem Falle, daß sich der unterhaltsberechtigte geschiedene Ehegatte wieder verheiratet (vgl. § 1581). Der Tatsache der Wiederverheiratung entspricht hier die Tatsache, daß die frühere Ehe noch fortbesteht. Im übrigen bleiben jedoch dem Ehegatten der

[1] So die herrschende Meinung. Anderer Ansicht Dernburg, Familienrecht, § 24, III, 5 (S. 80), der annimmt, daß auch im Falle der Vernichtung der neuen Ehe die frühere Ehe aufgelöst bleibt.

früheren Ehe die Rechte aus § 1345.[1] — Weyl[2] will dem die Ehe anfechtenden allein gutgläubigen Ehegatten der früheren Ehe auch beim Nochamlebensein des für tot erklärten Ehegatten der früheren Ehe zur Zeit der Nichtigkeitserklärung die vollen Rechte aus § 1345 zusprechen. Dies würde, wie bereits angedeutet worden ist, dazu führen, daß dem anfechtenden Ehegatten ein doppelter Unterhaltsanspruch, einmal nach § 1578ff. gegen den Ehegatten der neuen Ehe, dann nach § 1360 gegen den Ehegatten der früheren Ehe, zustehen würde. Durch die Eröffnung der Aussicht auf einen doppelten Unterhaltsanspruch würde jedoch die Gefahr eines Mißbrauches des Anfechtungsrechtes aus § 1350 herbeigeführt werden, was auch Weyl zugibt, der aber — zu Unrecht — meint, daß „ja auch sonst durch die §§ 1345ff. derartigen unschönen Spekulationen Tür und Tor geöffnet werde."

Wußten beide Ehegatten der neuen Ehe von dem Leben des für tot Erklärten zur Zeit der Eingehung der Ehe nichts, so ist die Anwendbarkeit des § 1345 ausgeschlossen. Denn dann fehlt es, da beiderseitige Gutgläubigkeit vorliegt, an den Erfordernissen des § 1345, Kenntnis der Anfechtbarkeit der Ehe durch den einen, Nichtkenntnis durch den anderen Ehegatten. Es treten dann die allgemeinen Wirkungen der Nichtigkeit ein. Dies muß zunächst gelten, wenn der Ehegatte der neuen Ehe nach § 1350 die Ehe anficht. Das Gleiche müßte der Fall sein, wenn der Ehegatte der früheren Ehe es war, von dem die Anfechtung der neuen Ehe ausging. Aus Billigkeitsrücksichten trifft das Gesetz jedoch hier zugunsten des Ehegatten der neuen Ehe in § 1351 eine besondere Bestimmung. Der § 1351 lautet:

> „Wird die Ehe nach § 1350 von dem Ehegatten der früheren Ehe angefochten, so hat dieser dem anderen Ehegatten nach den für die Scheidung geltenden Vorschriften der §§ 1578 bis 1582 Unterhalt zu gewähren, wenn nicht der andere Ehegatte bei der Eheschließung wußte, daß der für tot erklärte Ehegatte die Todeserklärung überlebt hat."

---

[1] Ebenso u. a. Planck a. a. O. Bem. 1 zu § 1351, Staudinger a. a. O. Anm. 2 zu § 1351, Schmidt a. a. O. Anm. 4b zu § 1350, Thiesing a. a. O. S. 185, 186, Denkschrift S. 180/181, Reichsgerichtsräte a. a. O. Anm 2 zu § 1351.

[2] Weyl a. a. O. S. 615.

Der Entwurf I enthielt eine derartige Bestimmung noch nicht. Erst die zweite Kommission fügte die Vorschrift des § 1351 ein, indem sie von der Erwägung ausging,[1] daß es unbillig sei, werde die Ehe wegen Fortlebens des für tot Erklärten von dem seinem Gewissen folgenden Ehegatten der früheren Ehe angefochten und zufolge der erhobenen Anfechtungsklage gelöst, die Sache so zu behandeln, als ob zwischen dem Ehegatten der früheren Ehe und dem neuen Ehegatten, der bei der Eingehung der Ehe sich darauf verlassen habe, daß ihre Ehe rechtlichen Bestand habe und nur durch den Tod gelöst werde, eine Ehe überhaupt nicht bestanden hätte. Zudem könne dadurch, daß man den anderen Ehegatten nicht leer ausgehen lasse, einem Mißbrauche des Anfechtungsrechts aus § 1350 durch den anfechtungsberechtigten Ehegatten vorgebeugt werden. Das Gesetz räumt deshalb „als Nachwirkung der Ehe und zur Entschädigung für die verlorene Zeit und Arbeitskraft und den Verlust der erbrechtlichen Aussichten" bei Anfechtung der Ehe aus § 1350 durch den Ehegatten der früheren Ehe dem Ehegatten der neuen Ehe in § 1351, wenn auch nicht das im § 1345 bestimmte Recht, so doch einen Unterhaltsanspruch in gleichem Umfange wie dem gutgläubigen Ehegatten durch den § 1345 gegen den die Ehe anfechtenden Ehegatten der früheren Ehe ein. Daß das Gesetz einen gleichen Anspruch nicht auch dem Ehegatten der früheren Ehe gibt, wenn der andere Ehegatte die Ehe nach § 1350 angefochten hat, erklärt sich aus den gleichen Gründen, aus denen auch dem allein gutgläubigen Ehegatten der früheren Ehe im Falle der Anfechtung nach § 1350 durch den bösgläubigen Ehegatten der neuen Ehe ein Unterhaltsanspruch gegen diesen zu versagen ist.[2] — Der § 1351 stellt es jedoch für den Ausschluß des Rechts auf Gewährung von Unterhalt nicht, wie der § 1345 für das in ihm bestimmte Recht, auf die Kenntnis der Anfechtbarkeit der Ehe ab. Das Gesetz geht hier weiter; es läßt als Ausschlußgrund des Rechts aus § 1351 schon die Kenntnis des Berechtigten zur Zeit der Eheschließung vom Überleben der Todeserklärung durch den für tot erklärten Ehegatten der früheren Ehe genügen.

[1] Vgl. Protokolle Bd. IV S. 534, 535.

[2] Vgl. oben S. 45.

Weyl[1] wirft hier noch die — wohl überflüssige — Frage auf, ob sich der Ehegatte der neuen Ehe neben dem in § 1351 bestimmten Rechte noch auf den § 1345 zu berufen vermag, um die übrigen über das Recht des § 1351 hinausgehenden Ansprüche des § 1345 in vermögensrechtlicher Beziehung für sich geltend machen zu können. Die Anwendbarkeit des § 1345 muß aus dem Grunde ausgeschlossen bleiben, weil die Voraussetzungen des § 1345 in dem Falle der Anfechtung der Ehe aus § 1350 nie gegeben sein können. Denn da dem Ehegatten der früheren Ehe nach § 1350 das Anfechtungsrecht überhaupt nur dann gegeben ist, wenn er bei der Eheschließung von dem Leben des für tot Erklärten keine Kenntnis hatte, so kann die Voraussetzung, von der der § 1345 ausgeht, — Bösgläubigkeit des in Anspruch genommenen Ehegatten — nie zutreffen. Der Umstand, daß hier der — gutgläubige — Ehegatte der neuen Ehe sich auf den § 1345 nicht berufen kann, ist aber eben, wie bereits hervorgehoben worden ist, für den Gesetzgeber überhaupt erst der Grund zur Einfügung der Sondervorschrift des § 1351 gewesen.

Der Ehegatte der neuen Ehe, der das Recht aus § 1351 für sich in Anspruch nimmt, braucht nur darzutun, daß die Ehe von dem Ehegatten der früheren Ehe aus § 1350 angefochten und infolgedessen für nichtig erklärt (oder vor erfolgter Nichtigkeitserklärung aufgelöst) worden ist. Daß der das Recht des § 1351 in Anspruch nehmende Ehegatte bei Eingehung der Ehe das Überleben der Todeserklärung durch den für tot Erklärten gekannt hat, hat, da das Gesetz das Haben dieser Kenntnis nur als Grund des Ausschlusses des Rechts aus § 1351 gestaltet hat, der Ehegatte der früheren Ehe einzuwenden und zu beweisen.[2]

IV. Es wurde oben[3] ausgeführt, daß es für die Anwendbarkeit des § 1345 keinen Unterschied mache, ob die Ehe durch Nichtigkeitserklärung beseitigt oder durch Auflösung beendigt worden ist. Wurde die Ehe durch Scheidung aufgelöst, so können

[1] Weyl a. a. O. S. 614.

[2] Vgl. Opet a. a. O. Anm. 6 zu § 1351.

[3] Siehe oben S. 20.

sich Schwierigkeiten dann ergeben, wenn nach der Scheidung geltend gemacht wird, daß die Ehe nichtig war.[1] Eine Scheidung der Ehe trotz ihrer Nichtigkeit kann dann eintreten, wenn zur Zeit des Erlasses des Scheidungsurteils die Nichtigkeit der Ehe nicht bekannt war oder zwar bekannt war, nach § 1329 aber nicht berücksichtigt werden durfte. Erfolgt nun nach Auflösung durch Scheidung die Geltendmachung der Nichtigkeit, so verliert das ergangene Scheidungsurteil, das als konstitutives Urteil das Vorhandensein der Ehe als gegeben annimmt,[2] seine Wirkung. Denn mit der Nichtigkeitserklärung steht fest, daß das Verhältnis zwischen den rechtskräftig Geschiedenen gar keine Ehe war, somit auch nicht geschieden werden konnte. Es kann demnach der Fall eintreten, daß der eine Ehegatte an der Scheidung für schuldig erklärt worden ist, hinsichtlich der Nichtigkeit der Ehe bei Eingehung der Ehe aber gutgläubig war und umgekehrt der an der Scheidung unschuldige Ehegatte als bösgläubig hinsichtlich der Nichtigkeit der Ehe bei Schließung derselben zu gelten hat, und es sich fragen, ob hier dem an der Scheidung schuldigen Ehegatten trotz der Schuldigerklärung durch das

[1] Die Nichtigkeit kann in diesem Falle uneingeschränkt, sowohl im Wege der Einrede wie im Wege der gewöhnlichen Leistungs- oder Feststellungsklage geltend gemacht werden. Die Nichtigkeitsklage, die nur für die Dauer des Bestehens der Ehe zulässig ist — eine Auflösung der Ehe ist immerhin durch das, wenn auch materiell gegenstandslose Scheidungsurteil herbeigeführt worden —, ist ausgeschlossen. (Vgl. Langheineken, Der Urteilsanspruch S. 248, Mitteis a. a. O. S. 1 Anm. 2, Staudinger a. a. O. Anm. 5 zu § 1329.)

Ist die Ehe nur anfechtbar, so muß es bei der durch das Scheidungsurteil geschaffenen Rechtslage bewenden, da nach § 1338 die Anfechtung der Ehe nach Auflösung durch Scheidung ausgeschlossen ist. Auch die Anfechtung der Ehe bleibt dagegen im Falle der Aufhebung der ehelichen Gemeinschaft nach § 1586 möglich. Erfolgt hier nachträglich die Nichtigkeitserklärung der Ehe, so hat im übrigen Entsprechendes wie für die Nichtigkeitserklärung nach Scheidung der Ehe zu gelten, nur daß hier, da mit dem Aufhebungsurteile eine Auflösung der Ehe nicht verbunden ist, zur Geltendmachung der Nichtigkeit die Nichtigkeits- oder Anfechtungsklage erforderlich ist. (Vgl. hierzu Seckel a. a. O. S. 377, Mitteis a. a. O. S. 1 und 2.)

[2] Vgl. hierüber Mitteis a. a. O. S. 5, 6 und Anm. 8 (S. 6).

Scheidungsurteil das Recht des § 1345, für dessen Entstehen in seiner Person nach dem Wortlaute des Gesetzes die Voraussetzungen freilich gegeben sein würden, zukommen und er als ein an der durch den § 1345 fingierten Scheidung unschuldiger Ehegatte behandelt werden könne.

Aus Gründen der Billigkeit will hier MITTEIS[1] dem an der Scheidung für allein schuldig erklärten Ehegatten das Recht des § 1345 absprechen, wenn der Ehegatte durch die Berufung auf den § 1345 günstiger gestellt werden würde, als dies bei Gültigkeit der Ehe der Fall gewesen wäre. Denn die Tendenz des § 1345 gehe nur dahin, den die Nichtigkeit nicht kennenden Ehegatten gegenüber dem sie kennenden Ehegatten so zu stellen, als ob die Ehe noch bestehe. Aus diesem Gesichtspunkte folge sofort, daß der die Nichtigkeit der Ehe nicht kennende Ehegatte doch nichts verlangen könne, wo er, die Gültigkeit der Ehe vorausgesetzt, doch nichts fordern könnte, daß der gutgläubige Ehegatte einen Schaden nicht liquidieren könne, den er bei Gültigkeit der Ehe infolge eigenen Verschuldens auch erlitten haben würde. Sonst käme man zu dem Ergebnisse, daß der an der Scheidung schuldige Ehegatte infolge Nichtigkeit der Ehe besser stünde, als er bei ihrer Gültigkeit gestanden hätte. Dieses — an sich schon widersinnige — Resultat widerstreite der auch sonst ausgesprochenen Tendenz des Gesetzes, daß man wegen Ungültigkeit eines Rechtsgeschäftes nicht mehr verlangen könnte, als man bei seiner Gültigkeit gehabt hätte (vgl. §§ 122, 179, 307).

Den Ausführungen von MITTEIS[2] kann nur zugestimmt werden.

[1] MITTEIS a. a. O. S. 7ff.

[2] Wie MITTEIS auch ENDEMANN a. a. O. § 160a Anm. 46 (S. 169), SCHMIDT a. a. O. Anm. 5b zu § 1586, wohl auch MATTHIASS a. a. O. § 228 Anm. 2 (S. 572). Anderer Meinung PLANCK a. a. O. Anm. 3b zu § 1586, STAUDINGER a. a. O. Anm. 13 zu § 1578, Anm. III, B, b zu § 1586, MAYER-REIS a. a. O. § 17 Anm. 9 (S. 72), WIERUSZOWSKI a. a. O. Teil II § 2 Anm. 13 (S. 16), THIESING a. a. O. S. 194, OPET a. a. O. Anm. 4f zu § 1586, der aber anerkennt, daß die Anwendung der §§ 1345—1347 zu unbefriedigenden Ergebnissen führen könne. THIESING — a. a. O. S. 194 Anm. 36 — sieht in der Ausschließung der Berufung auf den § 1345 im einzelnen Falle eine Abweichung MITTEIS' von dem auch von diesem sonst anerkannten Grundsatze, daß das Scheidungsurteil nach der Nichtigkeitserklärung der Ehe gegenstandslos

Endemann[1] sucht das Ergebnis noch durch den Satz fester zu begründen, das durch § 1345 ausgestaltete „Optionsrecht“ stehe unter der Voraussetzung, daß die Ehe bis zur Nichtigkeitserklärung als scheingültige fortbestanden habe, sei die Ehe aber bereits durch Scheidung aufgelöst, dann dürfe das „Optionsrecht“ nur die durch das Scheidungsurteil rechtskräftig festgestellte Rechtslage ergreifen; anders ausgedrückt: die Scheidungsgrundsätze träten ein, wie sie durch das rechtskräftige Urteil zwischen den Ehegatten feststünden, weil durch das Urteil die objektiven Normen für den konkreten Fall bereits festgelegt seien. Damit dürfte sich das Ergebnis jedoch nicht begründen lassen, vielmehr ist daran festzuhalten, daß dem Scheidungsurteile nach der Nichtigkeitserklärung keinerlei materiellrechtliche Wirkungen zukommen.

Der Versuch Lewin's,[2] entgegen den Darlegungen Mitteis' nachzuweisen, daß es sich sehr wohl auch mit der Billigkeit vereinen ließe, dem an der Scheidung für allein schuldig erklärten Ehegatten die Rechte aus § 1345 einzuräumen, geht fehl. Wenn Lewin meint, man könne nicht von einer Schuld an der Scheidung sprechen, wenn diese selbst hinfällig sei, so ist demgegenüber doch darauf hinzuweisen, daß, wenn sich auch später infolge der Nichtigkeitserklärung herausstellt, das Verhältnis zwischen den Ehegatten war gar keine rechtsgültige Ehe, das subjektive Verschulden des einen Ehegatten, welches zu der Auflösung des Verhältnisses geführt hat, damit keineswegs gemindert wird. Daß dem bösgläubigen Ehegatten, der das Band der Ehe trotz Kenntnis der Nichtigkeit dem Scheine nach bestehen läßt, durch die Verletzung dieses Bandes weiter kein Unrecht geschieht, ist Lewin zuzugeben. Allein hier handelt es sich doch um die Frage, ob dem gutgläubigen Ehegatten nicht wegen seines eigenen Verschuldens das Recht aus § 1345 zu versagen sei. Die Gefahr ferner, daß durch das Scheidungsurteil der eine Ehegatte für

---

sei. Zu Unrecht. Wenn Mitteis bei den Einzelentscheidungen das Scheidungsurteil als gültig annimmt, so ist dies, wie er selbst — a. a. O. S. 11 — hervorhebt, eben nur eine Fiktion, die aber gerade im Sinne des von § 1345 verfolgten Zweckgedankens liegt.

[1] Endemann a. a. O. § 160a Anm. 46 (S. 169).

[2] Lewin a. a. O. S. 41, 42.

schuldig an der Scheidung erklärt wird, während in Wahrheit den anderen Teil das Verschulden trifft, ist bei der Scheidung einer nichtigen Ehe nicht größer als sonst und für die nichtige Ehe nichts Besonderes. Es entspricht aber auch nur der Billigkeit, dem gutgläubigen Ehegatten, dem durch die Vorschrift des § 1345 nur sein Interesse an der Aufrechterhaltung der Ehe hat gewährleistet werden sollen, nach der doch einmal und zwar wegen seines eigenen Verschuldens erfolgten Auflösung der Ehe durch die Scheidung die aus dem § 1345 erwachsenden Ansprüche nicht zuzubilligen. Daß auf der anderen Seite der bösgläubige Ehegatte aus der Nichtigkeit der Ehe im einzelnen Falle nicht auch noch einen positiven Vorteil, den er ohne die Eheschließung nicht hätte haben können, ziehen darf, darauf weist schon Mitteis[1] mit Recht unter der Begründung hin, daß dies ebensowenig in dem Zweckgedanken des § 1345 liegt, wie die Absicht, dem gutgläubigen Ehegatten nichts zu geben, was dieser bei Gültigkeit der Ehe nicht auch gehabt hätte.

§ 5.

2. Inhalt und Umfang des Rechts.

I. Als Inhalt des in § 1345 dem gutgläubigen und dem diesem nach den vorstehenden Ausführungen gleichgestellten Ehegatten eingeräumten Rechts ergibt sich aus der Vorschrift des § 1345, daß der berechtigte Ehegatte verlangen kann, sein Verhältnis zu dem anderen Ehegatten solle in vermögensrechtlicher Beziehung, insbesondere auch in Ansehung der Unterhaltspflicht, so behandelt werden, als sei die Ehe zur Zeit der Nichtigkeitserklärung oder der Auflösung der Ehe geschieden und der Ehegatte, dem die Nichtigkeit bekannt war, für allein schuldig erklärt worden.

Es beschränkt sich das Recht aus § 1345 hiernach zunächst auf die vermögensrechtlichen Beziehungen der Ehegatten zueinander. In allen anderen als vermögensrechtlichen Beziehungen

[1] Mitteis a. a. O. S. 15, 16.

hat es dagegen bei den Folgen der Nichtigkeit sein Bewenden. Insbesondere hat dies von der Führung des Namens des Ehemannes durch die Frau zu gelten. Nach § 1355 erhält bei gültiger Ehe die Frau den Familiennamen des Mannes; sie ist berechtigt und verpflichtet, den Namen des Mannes zu führen. Und diesen Namen behält sie grundsätzlich auch bei Auflösung der Ehe durch Scheidung (vgl. § 1577 Abs. 1). Ist die Ehe jedoch für nichtig erklärt worden, so hat die Frau, auch wenn sie bei Eingehung der Ehe in gutem Glauben war, ihren ihr nach § 1616 zukommenden Mädchennamen wieder anzunehmen. Denn das Namensrecht ist lediglich dem persönlichen Verhältnisse der Ehegatten zuzuzählen, die im § 1355 vorgesehene Wirkung der Eheschließung ist aber durch die Nichtigkeitserklärung aufgehoben.[1]

Doch auch in vermögensrechtlicher Beziehung treten nicht alle Wirkungen ein, die an sich mit einer gültigen Ehe verknüpft sind. Da die nichtige Ehe bei Gutgläubigkeit des einen Ehegatten in vermögensrechtlicher Beziehung nur so behandelt werden soll, als sei die Ehe geschieden und der andere Ehegatte für den allein schuldigen Teil erklärt worden, so kommen auch nur die vermögensrechtlichen Wirkungen in Betracht, die eine gültige Ehe im Falle der Scheidung hervorzubringen vermag. Es bleiben daher — im Gegensatze insbesondere z. B. zum gemeinen und zum sächsischen Rechte[2] — die Erb- und Pflichtteilsrechte ausgeschlossen. Denn die nach den §§ 1931 ff., 2303 Abs. 2 den Ehegatten einander zustehenden Erb- und Pflichtteilsrechte kommen auch mit der Scheidung der Ehe zum Erlöschen. Ferner bewendet es auch bei den Vorschriften der §§ 2077 Abs. 1 S. 1, 2268, 2279. Es bleiben demnach eine letztwillige Verfügung, durch die der Erblasser seinen Ehegatten bedacht hat, ein gemeinschaftliches Testament sowie in einem Erbvertrage getroffene Zuwendungen und Auflagen im Falle der Nichtigkeit der Ehe unwirksam, mag auch der eine Ehegatte bei Eingehung der Ehe sich im guten Glauben befunden haben.

---

[1] Vgl. Entscheidungen des Reichsgerichts in Zivilsachen Bd. 67 S. 61.
[2] Vgl. oben § 2.

Was nun im einzelnen unter die vermögensrechtlichen Beziehungen einzubeziehen ist, mit welchen vermögensrechtlichen Folgen im einzelnen die nichtige Ehe bei Gutgläubigkeit des einen Teiles zur Zeit der Eheschließung ausgestattet sein soll, bestimmt das Gesetz nicht. Es hebt nur als wichtigste vermögensrechtliche Beziehung die Unterhaltspflicht hervor. Durch die Verweisung darauf, das Verhältnis unter den Ehegatten solle sich in vermögensrechtlicher Beziehung nach dem Verhältnisse im Falle der Scheidung der Ehe bestimmen, dürfte jedoch der Umfang des im § 1345 bestimmten Rechts genügend festgelegt sein.

1. Nach § 1345 Abs. 1 soll es, war dem einen Ehegatten bei Eingehung der Ehe die Nichtigkeit unbekannt, nach erfolgter Nichtigkeitserklärung oder Auflösung der Ehe auf Verlangen dieses Ehegatten so angesehen werden, als sei die Ehe zur Zeit der Nichtigkeitserklärung oder Auflösung geschieden und der andere die Nichtigkeit kennende Ehegatte für allein schuldig erklärt worden. Aus dieser rechtlichen Gleichstellung des bösgläubigen Ehegatten mit einem an der Scheidung für allein schuldig erklärten Ehegatten durch das Gesetz folgt zunächst, daß der bösgläubige Ehegatte dem gutgläubigen Ehegatten gegenüber zur Gewährung von Unterhalt in gleicher Weise verpflichtet ist wie ein an der Scheidung schuldiger Ehegatte dem unschuldigen Ehegatten gegenüber. Der dem gutgläubigen Ehegatten gegen den bösgläubigen Ehegatten zukommende Unterhaltsanspruch findet daher in den für den Unterhaltsanspruch geschiedener Ehegatten in den §§ 1578 bis 1582 gegebenen Bestimmungen seine Begrenzung. Darnach ergibt sich im einzelnen folgendes:

War dem Manne bei Eingehung der Ehe deren Nichtigkeit allein bekannt, so hat er nach § 1578 Abs. 1 der Frau den standesgemäßen Unterhalt insoweit zu gewähren, als sie ihn nicht aus den Einkünften ihres Vermögens und, sofern nach den Verhältnissen, in denen die Ehegatten gelebt haben, Erwerb durch Arbeit der Frau üblich ist, aus dem Ertrage ihrer Arbeit bestreiten kann. Die gutgläubige Ehefrau braucht mithin nicht den Stamm ihres Vermögens anzugreifen und ist zum Erwerbe durch eigene Arbeit nur verbunden, soweit eine solche Tätigkeit den Verhältnissen entspricht, in denen sie mit ihrem Ehegatten während der vermeintlichen Ehe gelebt hat. War umgekehrt die Frau der bösgläubige Teil, so hat sie nach § 1578 Abs. 2 dem gutgläubigen Manne den standesgemäßen Unterhalt insoweit zu gewähren, als er außerstande ist, sich selbst zu unterhalten. Der Mann ist sonach erst dann der bösgläubigen Frau gegenüber zum Unterhalte berechtigt, wenn er vermögenslos und erwerbsunfähig ist, wenn er sein Vermögen aufgezehrt hat und auch das zum Unterhalte Erforderliche nicht zu erwerben vermag. Jeder wegen seiner Bösgläubigkeit bei Eingehung der Ehe dem anderen Ehegatten gegenüber zum Unterhalte verpflichtete Ehegatte ist jedoch nach § 1579 Abs. 1 S. 1 befugt, soweit er bei Berücksichtigung seiner sonstigen Verpflichtungen außerstande ist, ohne Gefährdung seines standesmäßigen Unterhaltes dem anderen Ehegatten Unterhalt zu gewähren, von den zu seinem Unterhalte verfügbaren Einkünften zwei Dritteile oder, wenn diese zu seinem notdürftigen Unterhalte nicht ausreichen, so viel zurückzubehalten, als zu dessen Bestreitung erforderlich ist, und seine Verpflichtung dem gutgläubigen Ehegatten gegenüber beschränkt sich — bei dem Vorliegen der Voraussetzung des § 1579 Abs. 1 S. 1[1] — auf dasjenige, was mit Rücksicht auf die Bedürfnisse sowie auf die Vermögens- und Erwerbsverhältnisse der Beteiligten der Billigkeit entspricht, sofern er einem minderjährigen unverheirateten Kinde oder infolge seiner Wiederverheiratung dem neuen Ehegatten Unterhalt zu gewähren hat (§ 1579 Abs. 1 S. 2). Unter den gleichen Voraussetzungen ist der bösgläubige Mann der gutgläubigen Frau gegenüber von der Unterhaltspflicht sogar ganz befreit, wenn die Frau den Unterhalt aus dem Stamme ihres Vermögens bestreiten kann (§ 1579 Abs. 2). Der Unterhalt ist nach § 1580 durch Entrichtung einer Geldrente, statt deren bei Vorliegen eines wichtigen Grundes eine Abfindung in Kapital verlangt werden kann, in dreimonatlichen Vorauszahlungen zu gewähren. Die dem gutgläubigen Ehegatten hiernach erwachsenden Unterhaltsansprüche können — im Gegensatze zu dem Unterhaltsanspruche unter Verwandten — auch für die Zukunft durch Vertrag geregelt werden, insbesondere kann auf sie verzichtet werden. Es ergibt sich dies aus der

---

[1] Vgl. Entscheidungen des Reichsgerichts in Zivilsachen Bd. 67 S. 59.

Nichtaufführung des § 1614, der einen Verzicht auf den Unterhalt (sowie überhaupt jeden den gesetzlichen Unterhaltsanspruch ändernden Vertrag) für die Zukunft für unzulässig erklärt, in dem für die Unterhaltspflicht der geschiedenen Ehegatten die Vorschriften über die Unterhaltspflicht der Verwandten anziehenden Absatz 3 des § 1580. Die Unterhaltspflicht des bösgläubigen Ehegatten erlischt mit der Wiederverheiratung des gutgläubigen Ehegatten (§ 1581). Dagegen erlischt sie nicht mit dem Tode des bösgläubigen Ehegatten (§ 1582 Abs. 1), die Verpflichtung zur Gewährung von Unterhalt geht vielmehr auf dessen Erben über. Dieser kann jedoch ohne Rücksicht auf seine Leistungsfähigkeit die Unterhaltsrente bis auf die Hälfte der vom Erblasser zur Zeit seines Todes aus seinem Vermögen bezogenen Einkünfte herabsetzen (§ 1582 Abs. 2). Sind neben dem bösgläubigen Ehegatten noch unterhaltspflichtige Verwandte des gutgläubigen Ehegatten vorhanden, so haftet der bösgläubige Ehegatte vor diesen, jedoch nur insoweit, als er nicht bei Berücksichtigung seiner sonstigen Verpflichtungen außerstande ist, ohne Gefährdung seines standesmäßigen Unterhalts den Unterhalt zu gewähren (§ 1608 Abs. 2). Sind umgekehrt neben dem gutgläubigen Ehegatten noch volljährige oder verheiratete Kinder oder sonstige Verwandte des bösgläubigen Ehegatten diesem gegenüber unterhaltsberechtigt, so geht ihnen der gutgläubige Ehegatte vor (§ 1609 Abs. 2 S. 2).[1]

2. Durch die Gleichstellung des gutgläubigen Ehegatten bei Nichtigkeit der Ehe mit dem im Falle der Scheidung wegen alleinigen Verschuldens des einen Ehegatten an der Scheidung unschuldigen Ehegatten wird dem gutgläubigen Ehegatten weiter das dem unschuldigen Ehegatten zustehende Recht zum Widerrufe von dem anderen Ehegatten gemachten Schenkungen eingeräumt. Die für das Widerrufsrecht des unschuldigen Ehegatten im Falle der Scheidung der Ehe gegebenen Vorschriften finden mithin für den Fall, daß bei Nichtigkeit der Ehe der gutgläubige Ehegatte von dem Rechte des § 1345 Gebrauch macht, ent-

[1] Über die Geltendmachung des Unterhaltsanspruches des gutgläubigen Ehegatten im Konkurse des bösgläubigen Ehegatten vgl. § 3 Abs. 2 der Konkursordnung.

sprechende Anwendung. Hiernach kann gemäß § 1584 der gutgläubige Ehegatte alle die dem bösgläubigen Ehegatten während des Brautstandes oder während der Ehe gemachten Schenkungen widerrufen. Dies gilt auch für Schenkungen, durch die einer sittlichen Pflicht oder einer auf den Anstand zu nehmenden Rücksicht entsprochen wurde. Die beschränkende allgemeine Vorschrift des § 534, der für diese Schenkungen den Widerruf ausschließt, greift, wie sich aus der Nichtanführung des § 534 in dem § 1584 ergibt, für das Widerrufsrecht wie des unschuldigen Ehegatten auch des gutgläubigen Ehegatten nicht Platz. Nach Abs. 2 des § 1584 in entsprechender Anwendung ist jedoch der Widerruf ausgeschlossen, wenn seit der Rechtskraft des Urteils, durch das die Ehe für nichtig erklärt worden ist, oder, falls die Ehe durch Scheidung aufgelöst wurde, seit der Rechtskraft des Scheidungsurteils ein Jahr verstrichen ist. Bei Auflösung der Ehe durch den Tod eines der Ehegatten kommt das Widerrufsrecht überhaupt nicht in Betracht, da es nach der Vorschrift in § 1584 Abs. 2 dann ausgeschlossen ist, wenn der Schenker oder der Beschenkte verstorben ist. Der Widerruf hat, wie sich aus dem in Abs. 1 des § 1584 für anwendbar erklärten § 531 ergibt, durch einseitige empfangsbedürftige Erklärung gegenüber dem Beschenkten zu erfolgen. Nach dem Widerrufe der Schenkung kann der gutgläubige Ehegatte die Herausgabe des Geschenkes nach den Vorschriften über die Herausgabe einer ungerechtfertigten Bereicherung fordern (vgl. § 531 Abs. 2).

3. Die dritte vermögensrechtliche Folge, die sich aus der Verweisung auf das Scheidungsrecht ergibt, zeigt sich bei der Auseinandersetzung unter den Ehegatten nach Beendigung der Ehe. Das Bürgerliche Gesetzbuch enthält — abgesehen von den Vorschriften des § 1478 — keine besonderen Bestimmungen darüber, in welcher Weise die Auseinandersetzung unter den Ehegatten im Falle der Scheidung zu erfolgen hat. Es finden daher auch bei Beendigung der Ehe durch Scheidung die Grundsätze Anwendung, die für die Beendigung der Ehe im allgemeinen zu gelten haben. Darnach regelt sich die Auseinandersetzung nach den einschlägigen Bestimmungen des während der Ehe bestandenen Güterrechts. Dies gilt mithin auch für den Fall, daß bei Nichtig-

keit der Ehe nach der Nichtigkeitserklärung oder Auflösung der Ehe der gutgläubige Teil das Recht aus § 1345 für sich in Anspruch nimmt, und nicht vollzieht sich hier die Auseinandersetzung unter den Ehegatten nach den allgemeinen Grundsätzen, wie über ungerechtfertigte Bereicherung, unerlaubte Handlungen, Geschäftsführung ohne Auftrag, die sonst Platz zu greifen hätten. Da jedoch hier der von den Ehegatten gewollte Güterstand wegen der Nichtigkeit der Ehe nicht eingetreten ist, wird der gewollte Güterstand als während der Ehe bestanden angesehen; insbesondere hat auch ein vor oder während der Ehe geschlossener Ehevertrag als gültig zu gelten.[1] Der gutgläubige Ehegatte kann somit trotz Nichtigkeit der Ehe verlangen, daß die Auseinandersetzung nach denjenigen Grundsätzen erfolge, die für den Güterstand gelten, der für die Ehe, falls sie gültig gewesen wäre, nach dem ausdrücklichen oder angenommenen Willen der Ehegatten eingetreten wäre.

Würden bei Gültigkeit der Ehe die vermeintlichen Ehegatten nach dem gesetzlichen Güterstande der Verwaltung und Nutznießung gelebt haben, so erhält grundsätzlich die Frau ihr Gut, das sie in die Ehe eingebracht hat, zurück, während die Nutzungen desselben dem Manne verbleiben, „der Mann hat das eingebrachte Gut der Frau herauszugeben und ihr über die Verwaltung Rechenschaft abzulegen“. Gehört zum eingebrachten Gute ein landwirtschaftliches Grundstück, so hat die Frau die von dem Manne aufgewendeten Fruchtbestellungskosten insoweit zu ersetzen, als diese einer ordnungsmäßigen Wirtschaft entsprechen und den Wert der Früchte nicht übersteigen. Bei der Herausgabe eines zum Eingebrachten der Frau gehörenden Landgutes hat der Mann die zur Fortführung der Wirtschaft erforderlichen landwirtschaftlichen Erzeugnisse zurückzulassen (vgl. §§ 1421, 592, 593).

Bei dem Güterstande der Gütertrennung würden für die Auseinandersetzung unter den Ehegatten auf Verlangen des gutgläubigen Teiles die Vorschriften der §§ 1427 ff. maßgebend sein. Darnach kann der Mann, da er auch bei der Gütertrennung den ehelichen Aufwand zu tragen hat (§ 1427 Abs. 1), auch bei der

---

[1] Vgl. Mayer-Reis a. a. O. § 9 Anm. 3 (S. 38).

Auseinandersetzung nicht dasjenige ersetzt verlangen, was er zu dessen Bestreitung aufgewendet hat. Umgekehrt steht auch der Frau kein Recht auf Ersatz desjenigen zu, was sie infolge ihrer gesetzlichen Verpflichtung dem Manne zum ehelichen Aufwande als angemessenen Beitrag aus den Einkünften ihres Vermögens und dem Ertrage ihrer Arbeit oder eines von ihr selbständig betriebenen Erwerbsgeschäftes geleistet hat (§ 1427 Abs. 2); das Gleiche gilt bezüglich desjenigen, was die Frau über ihre Verpflichtung hinaus zur Bestreitung des ehelichen Aufwandes aus ihrem Vermögen aufgewendet oder dem Manne zu diesem Zwecke überlassen hat, sofern ihr hierbei die Absicht, Ersatz zu verlangen, gefehlt hat (§ 1429), sowie bezüglich der von dem Manne aus dem Vermögen der Frau während seiner ihm von der Frau ganz oder teilweise überlassenen Verwaltung gezogenen und nach freiem Ermessen verwendeten Einkünfte, soweit nicht ihre Verwendung zur Bestreitung der Kosten der ordnungsmäßigen Verwaltung und zur Erfüllung solcher Verpflichtungen der Frau erforderlich war, die bei ordnungsmäßiger Verwaltung aus den Einkünften des Vermögens bestritten werden (§ 1430).

Hatten die Ehegatten vor oder während der Ehe einen Ehevertrag geschlossen, so sind, da der Vertrag, wie bereits hervorgehoben worden ist, trotz der Nichtigkeit der Ehe als gültig behandelt wird, der Auseinandersetzung die etwaigen besonderen Bestimmungen des Vertrages zugrunde zu legen.

War von den Ehegatten schlechthin Gütergemeinschaft vereinbart worden, so sind aus dem Gesamtgute zunächst die Gesamtgutsverbindlichkeiten zu berichtigen und ist der hiernach verbleibende Überschuß nach den Vorschriften über die Gemeinschaft unter den Ehegatten zu gleichen Teilen zu teilen, ohne Rücksicht darauf, was der einzelne Ehegatte in die Ehe eingebracht hat (vgl. §§ 1475—1477). Ebenso wie bei der Auseinandersetzung im Falle der Scheidung der Ehe der unschuldige Ehegatte kann jedoch hier der gutgläubige Ehegatte, der ja nach § 1345 dem unschuldigen geschiedenen Ehegatten rechtlich gleich zu behandeln ist, statt der Teilung des nach Berichtigung der Gesamtgutsverbindlichkeiten verbleibenden Überschusses zur Hälfte verlangen, daß jedem Ehegatten der Wert desjenigen zurückerstattet werde, was er in die Gemeinschaft eingebracht hat. Bleibt nach dieser Rückerstattung noch ein Überschuß, so gebührt er den Ehegatten zu gleichen Teilen, in welchem Verhältnisse sie auch einen sich etwa bei der Rückerstattung ergebenden Fehlbetrag zu tragen haben (vgl. § 1478). — Dem gutgläubigen Ehegatten kann sich sonach in diesem Falle eine doppelte Wahl eröffnen: einmal, ob er es bei den Folgen der Nichtigkeit bewenden lassen oder von dem Rechte des § 1345 Gebrauch machen will, und, entscheidet er sich für die Geltendmachung des Rechts aus § 1345, ob er es bei der Auseinandersetzung nach dem Grundsatze des § 1476 Abs. 1, der Teilung des nach Berichtigung der Gesamtgutsverbindlichkeiten sich etwa ergebenden Überschusses zu gleichen Teilen, belassen oder aber nach § 1478 verlangen will, daß jedem Ehegatten der Wert des von ihm in die Gemeinschaft Eingebrachten zurückerstattet wird.

Bei dem Güterstande der Errungenschaftsgemeinschaft erfolgt die Auseinandersetzung in Ansehung des Gesamtgutes nach den für die allgemeine Gütergemeinschaft geltenden Vorschriften (vgl. § 1546 Abs. 2). Die entsprechende Anwendbarkeit der Bestimmungen des § 1478 über den Anspruch des gutgläubigen Ehegatten auf Zurückerstattung des Wertes des von ihm in die Gemeinschaft eingebrachten Gutes ist jedoch hier ausgeschlossen, da bei der Errungenschaftsgemeinschaft das jedem Ehegatten beim Eintritte der Gemeinschaft gehörende Vermögen sein Eingebrachtes bleibt, dagegen nicht Gesamtgut bildet, zu dem vielmehr nur das wird, was der Mann oder die Frau während der Gemeinschaft erwirbt (vgl. § 1519).

Dagegen sind nach Beendigung der Fahrnisgemeinschaft, der Gemeinschaft des beweglichen Vermögens und der Errungenschaft, auf welche die für die allgemeine Gütergemeinschaft geltenden Vorschriften gleichfalls Anwendung finden (vgl. § 1549), für die Auseinandersetzung in Ansehung des Gesamtgutes auch die Bestimmungen des § 1478 anwendbar. Auch bei der Fahrnisgemeinschaft würde daher der gutgläubige Ehegatte, wenn er das Recht des § 1345 für sich in Anspruch nimmt, die Befugnis haben, die Auseinandersetzung sich nach den allgemeinen Grundsätzen vollziehen zu lassen oder Rückerstattung des

Wertes des in die Gemeinschaft eingebrachten Gutes zu verlangen.

Da die nichtige Ehe für die Vermögensauseinandersetzung so zu behandeln ist, als sei sie gültig gewesen, finden insbesondere bei der Auseinandersetzung auch die — ohne Rücksicht auf den Güterstand geltenden — Vorschriften der §§ 204 Satz 1, 1356 Abs. 2, 1359 und § 1362 Abs. 2 Anwendung.[1] Solange die nichtige Ehe bestand, d. h. in der Zeit von der Eheschließung bis zur Nichtigkeitserklärung oder der Auflösung der Ehe, ist daher die Verjährung von vermögensrechtlichen Ansprüchen zwischen den vermeintlichen Ehegatten als gehemmt anzusehen (§ 204 S. 1). Soweit die Frau Arbeiten im Hauswesen und im Geschäfte des Mannes geleistet hat, die nach den Verhältnissen, in denen die Ehegatten lebten, üblich waren, steht ihr ein Anspruch auf Ersatz gegen den Mann nicht zu (§ 1356 Abs. 2). Ferner kann sich jeder Ehegatte hinsichtlich der Erfüllung der sich aus dem ehelichen Verhältnisse ergebenden Verpflichtungen auf die Beschränkung der Haftung auf das Einstehen nur für die Sorgfalt in eigenen Angelegenheiten berufen (§ 1359). Auch gilt im Verhältnisse der Ehegatten zueinander zugunsten der Ehefrau bei der Vermögensauseinandersetzung die Vermutung, daß die ausschließlich zum persönlichen Gebrauche der Frau bestimmten Sachen, insbesondere Kleider, Schmucksachen und Arbeitsgeräte, ihr Eigentum seien (§ 1362 Abs. 2).

Als maßgebender Zeitpunkt für die Vermögensauseinandersetzung ist der Zeitpunkt zu betrachten, in dem das die Ehe für nichtig erklärende Urteil die Rechtskraft beschritten hat oder die Ehe aufgelöst worden ist. Denn das Verhältnis unter den Ehegatten soll nach § 1345 so angesehen werden, als ob die Ehe zur Zeit der Nichtigkeitserklärung oder der Auflösung geschieden worden wäre. Die Motive[2] begründen die Zugrundelegung des Zeitpunktes der Nichtigkeitserklärung oder der Auflösung der Ehe für die Vermögensauseinandersetzung mit Recht damit, daß

---

[1] Vgl. Planck a. a. O. Bem. 2 zu § 1345, Staudinger a. a. O. Anm. 4c zu § 1345, Mayer-Reis a. a. O. § 9 Anm. 3 (S. 38).

[2] Vgl. Motive Bd. IV S. 70, 71.

es oft mit großen Schwierigkeiten verbunden sei, den Zeitpunkt festzustellen, in welchem der gutgläubige Ehegatte von der Nichtigkeit der Ehe Kenntnis erlangt habe. Dazu käme, daß der gutgläubige Ehegatte, würde man den Augenblick der erlangten Kenntnis von der Nichtigkeit der Ehe als maßgebend für die Auseinandersetzung erklären, dazu gedrängt würde, die Nichtigkeitserklärung der Ehe selbst herbeizuführen, mitunter wenigstens, unter Verhältnissen, unter denen man ihm dies nicht wohl zumuten könne, zumal mit dem Hinausschieben der Geltendmachung des hier fraglichen Rechts die praktischen Schwierigkeiten der Feststellung des für die Auseinandersetzung maßgebenden Zeitpunktes und der Ermittlung des damaligen Vermögenszustandes notwendig wüchsen.

4. Außer dem Rechte auf Gewährung von Unterhalt, der Befugnis zum Widerrufe von dem anderen Ehegatten gemachten Schenkungen und dem Anspruche auf Vermögensauseinandersetzung nach den Bestimmungen des ehelichen Güterrechts kann als vermögensrechtliche Folge unter den Ehegatten noch das dem geschiedenen Manne in § 1585 eingeräumte Recht auf Leistung eines angemessenen Beitrags durch die Frau zum Unterhalte eines gemeinschaftlichen Kindes in Betracht kommen. Der § 1585, der das Verhältnis unter den geschiedenen Ehegatten hinsichtlich der Unterhaltspflicht des Mannes gegenüber einem gemeinschaftlichen Kinde regelt, bestimmt, daß die Frau verpflichtet ist, dem Manne, wenn er einem solchen Kinde Unterhalt zu gewähren hat, aus den Einkünften ihres Vermögens und dem Ertrage ihrer Arbeit oder eines von ihr selbständig betriebenen Erwerbsgeschäftes einen angemessenen Beitrag zu den Kosten des Unterhaltes zu leisten, soweit nicht diese durch die dem Manne an dem Vermögen des Kindes zustehende Nutznießung gedeckt werden. Unerheblich für die Anwendbarkeit des § 1585 ist an sich, da die Unterhaltspflicht der Eltern gegen die Kinder, weil auf der Verwandtschaft, nicht auf der Ehe beruhend, durch die Scheidung nicht berührt wird, ob die Frau allein oder der Mann allein oder beide Ehegatten an der Scheidung für schuldig erklärt worden sind. Da aber der Anspruch auf Leistung eines angemessenen Beitrags durch die Frau dem geschiedenen Manne eben

auch gegen die allein für schuldig erklärte Frau zukommt, muß dieser Anspruch bei Vorliegen seiner sonstigen Voraussetzungen aus dem von der Annahme der Scheidung der Ehe unter Alleinschuldigerklärung des bösgläubigen Teils ausgehenden § 1345 auch dem Manne, dem bei Eingehung der Ehe die Nichtigkeit derselben allein unbekannt war, wenn er von der ihm in § 1345 gewährten Befugnis Gebrauch macht, als vermögensrechtlicher Anspruch gegen die bösgläubige Frau erwachsen. War dagegen die Frau gutgläubig und macht sie von dem Rechte des § 1345 Gebrauch, so könnte ein Anspruch des Mannes gegen die Frau auf Leistung eines angemessenen Beitrages zu den Unterhaltskosten überhaupt nicht in Frage kommen. Denn war die Frau gutgläubig, so trifft sie, da ihr dann nach § 1701 S. 2 die elterliche Gewalt und kraft dieser nach § 1649 die Nutznießung an dem Vermögen des Kindes zusteht, in erster Linie die Unterhaltspflicht (§ 1606 Abs. 2 S. 2). Zwar bleibt der Mann gleichwohl dem Kinde gegenüber nach der Mutter zum Unterhalt verpflichtet; da die Unterhaltspflicht des Mannes aber eben erst eintritt, wenn die Frau zur Unterhaltsgewährung nicht imstande ist, kann auch von einem Ers[illegible] den Mann treffenden Unterhaltskosten nicht die Rede sein.[1]

II. Neben den sich hiernach aus der Ausübung des in § 1345 bestimmten Rechts ergebenden Ansprüchen kann der gutgläubige Ehegatte gegen den bösgläubigen Ehegatten weitergehende, ihm etwa auf Grund der Vorschriften über unerlaubte Handlungen (§§ 823 ff.) zustehende Ansprüche geltend machen. Das Bürgerliche Gesetzbuch enthält — im Gegensatze z. B. zum sächsischen Bürgerlichen Gesetzbuche[2] — eine besondere Bestimmung hierüber nicht. Bereits die Motive[3] heben jedoch hervor, daß die nach den allgemeinen Grundsätzen über Schadensersatz aus unerlaubten Handlungen begründeten Ansprüche durch die Geltendmachung des Rechts aus § 1345 nicht berührt werden. Derartige Ansprüche können sich für den gutgläubigen Ehegatten insbeson-

[1] Vgl. hierzu auch Thiesing a. a. O. S. 191, 192.
[2] Vgl. oben § 2 (S. 12).
[3] Vgl. Motive Bd. IV S. 71, 102.

dere im Falle der Anfechtbarkeit der Ehe wegen Drohung oder arglistiger Täuschung oder auch bei Doppelehe des anderen Ehegatten ergeben.[1]

III. Wegen der vermögensrechtlichen Wirkungen, die das in § 1345 dem gutgläubigen Ehegatten eingeräumte Recht bei Ausübung auslöst, vererbt sich das Recht sowohl auf der Seite des berechtigten wie des verpflichteten Ehegatten.[2] Das Recht, eine Beurteilung des Verhältnisses unter den Ehegatten der nichtigen Ehe nach den Grundsätzen des Scheidungsrechts zu verlangen, steht sonach auch dem Erben des gutgläubigen Ehegatten sowie gegen den Erben des bösgläubigen Ehegatten zu. Die aktive und passive Vererblichkeit des Rechts folgt auch daraus, daß der § 1345 dem gutgläubigen Ehegatten die erwähnte Befugnis schlechthin für den Fall der Beendigung der Ehe durch Auflösung, somit auch bei Auflösung durch den Tod eines der Ehegatten verleiht. Daß ein einzelner erst aus der Ausübung des in § 1345 bestimmten Rechts sich ergebender Anspruch durch den Tod eines der Ehegatten untergeht, berührt die Vererblichkeit des Rechts aus § 1345 selbst nicht. Die Ansicht Opet's[3] und diesem folgend de Boor's,[4] die aktive und passive Vererblichkeit des Rechts aus § 1345 erleide insofern eine Ausnahme, als die — sich aus diesem Rechte erst ergebende — Befugnis zum Schenkungswiderrufe mit dem Tode des berechtigten wie des verpflichteten Ehegatten erlösche, ist daher unzutreffend.

IV. Ein gleicher Unterhaltsanspruch, wie er dem gutgläubigen von dem Rechte des § 1345 Gebrauch machenden Ehegatten zu-

---

[1] Vgl. hierüber u. a. Planck a. a. O. Bem. 6 zu § 1345, Staudinger a. a. O. Anm. 9 zu § 1345, Opet a. a. O. Anm. 8 zu § 1345, Schmidt a. a. O. Anm. 6 zu § 1345, Reichsgerichtsräte a. a. O. Anm. 10 zu § 1345.

[2] So Planck a. a. O. Bem. 5 zu § 1345, Staudinger a. a. O. Anm. 7 zu § 1345, Schmidt a. a. O. Anm. 3c zu § 1345, Opet a. a. O. Anm. 7 zu § 1345, Thiesing a. a. O. S. 193, Matthiass a. a. O. § 228, 2 (S. 572), für die aktive Vererblichkeit auch Reichsgerichtsräte a. a. O. Anm. 11 zu § 1345.

[3] Opet a. a. O. Anm. 7 zu § 1345.

[4] de Boor a. a. O. S. 39.

kommt, steht im Falle der Anfechtung der Ehe nach § 1350 dem Ehegatten der neuen Ehe gegen den die Ehe anfechtenden Ehegatten der früheren Ehe gemäß § 1351 zu. Und hier ist der Unterhaltsanspruch — im Gegensatze zum § 1345 — die einzige vermögensrechtliche Wirkung, die vom Gesetze an die angefochtene Ehe geknüpft wird, während es in jeder anderen, auch vermögensrechtlichen Beziehung bei den Folgen der Nichtigkeit sein Bewenden hat. Für diesen Unterhaltsanspruch gilt das Gleiche wie für den aus dem Rechte des § 1345 erwachsenden Unterhaltsanspruch.[1] Insbesondere ist der Anspruch wegen seiner höchstpersönlichen Natur als Unterhaltsanspruch — im Gegensatze zu dem Rechte des § 1345 selbst — auf der Seite des Berechtigten unvererblich, dagegen geht er, wie auch bereits für den aus dem Rechte des § 1345 sich ergebenden Unterhaltsanspruch ausgeführt worden ist, auf der Seite des Verpflichteten — wie das Recht aus § 1345 selbst — auf dessen Erben über.

V. Es sei hier kurz noch die Frage berührt, ob die Ehegatten vor Beendigung der Ehe durch Vereinbarung ihre gegenseitigen Rechtsverhältnisse mit Wirkung für die Zeit nach Beendigung der Ehe durch Nichtigkeitserklärung oder Auflösung regeln können. An sich dürfte einer solchen Regelung nichts entgegenstehen. Nur muß sie sich auf solche Verhältnisse beziehen, die der Vereinbarung der Parteien überhaupt unterliegen, z. B. darf sie sich nicht auf die Namensführung der Frau erstrecken, da die hierüber getroffenen gesetzlichen Bestimmungen zwingender Natur sind. Für die vermögensrechtlichen Verhältnisse wäre insbesondere zu beachten, daß die Vereinbarung nicht gegen die guten Sitten verstößt (vgl. § 138). In dem gedachten Umfange müßte aber auch eine von dem § 1345 gänzlich abweichende Regelung der vermögensrechtlichen Beziehungen für gültig zu erachten sein.[2]

---

[1] Vgl. oben S. 54ff.

[2] Vgl. Thiesing a. a. O. S. 196.

§ 6.

3. Ausübung und Fortfall des Rechts.

I. Es ist bereits oben im § 3 darauf hingewiesen worden, daß nach dem Bürgerlichen Gesetzbuche auch für den Fall, daß nur einer der Ehegatten bei Eingehung der Ehe sich in gutem Glauben befunden hat, der Grundsatz gilt, daß die allgemeinen sich aus der Nichtigkeit der Ehe ergebenden Folgen eintreten. Der § 1345 räumt dem gutgläubigen Ehegatten nur die Befugnis ein, zu verlangen, daß sein Verhältnis zu dem anderen Ehegatten in vermögensrechtlicher Beziehung so behandelt werde, als sei die Ehe geschieden und der andere Ehegatte für den allein schuldigen Teil erklärt worden. Das Gesetz überläßt es somit der Entscheidung des gutgläubigen Ehegatten, ob es bei den Folgen der Nichtigkeit verbleiben oder in vermögensrechtlicher Hinsicht eine Beurteilung des Verhältnisses unter den Ehegatten nach den Grundsätzen des Scheidungsrechts eintreten solle. Die Vorschriften darüber, wie diese Entscheidung nun zu erfolgen hat, gibt der § 1347.

1. Der § 1347 bestimmt in Absatz 1:

„Erklärt der Ehegatte, dem das in § 1345 Abs. 1 bestimmte Recht zusteht, dem anderen Ehegatten, daß er von dem Rechte Gebrauch mache, so kann er die Folgen der Nichtigkeit der Ehe nicht mehr geltend machen; erklärt er dem anderen Ehegatten, daß es bei diesen Folgen bewenden solle, so erlischt das im § 1345 Abs. 1 bestimmte Recht.“

Hiernach hat die Ausübung des im § 1345 Abs. 1 bestimmten Entscheidungsrechtes durch Erklärung des gutgläubigen Ehegatten, daß er von dem Rechte Gebrauch mache, zu geschehen. Die Erklärung ist dem anderen Ehegatten gegenüber, dem die Nichtigkeit der Ehe bei Eingehung derselben bekannt war, abzugeben. Es handelt sich sonach um ein einseitiges empfangsbedürftiges Rechtsgeschäft, auf das die allgemeinen Bestimmungen über Abgabe von Willenserklärungen (§§ 130—132) Anwendung finden. Ist einer der beiden Ehegatten verstorben, so erfolgt die Erklärung von dem Erben des gutgläubigen Ehegatten oder gegenüber dem Erben des bösgläubigen Ehegatten. Beim Vorhandensein einer Mehrheit von Erben auf der einen oder der anderen Seite ist sie von allen und gegenüber allen Erben abzugeben.[1] Es ergibt sich dies einmal aus den für die Erbengemeinschaft geltenden allgemeinen Grundsätzen. Sodann ist aber auch das Recht des § 1345, wie das Rücktrittsrecht bei Verträgen (§ 356), als ein unteilbares in dem Sinne anzusehen, daß es nur einheitlich, nur von allen und gegenüber allen Beteiligten, ausgeübt werden kann.[2] — Da die Erklärung, das Entscheidungsrecht aus § 1345 in Anspruch zu nehmen, an die Beobachtung einer Form nicht gebunden ist, kann sie auch stillschweigend erfolgen. Macht daher der gutgläubige Ehegatte ein nur nach den Grundsätzen des Scheidungsrechtes zustehendes Recht geltend, fordert er z. B. von dem bösgläubigen Ehegatten Unterhalt oder widerruft er Schenkungen, die er diesem während des Brautstandes oder während der Ehe gemacht hat, so wird darin in der Regel die Erklärung zu finden sein, von dem Entscheidungsrechte des § 1345 Gebrauch machen zu wollen. Für die Nichtigkeit und Anfechtbarkeit der Erklärung gelten die allgemeinen Vorschriften der §§ 104ff., 116ff.

Entscheidet sich der gutgläubige Ehegatte für die Geltendmachung des in § 1345 bestimmten Rechts, so ist er an die diesen Willen zum Ausdrucke bringende Erklärung gebunden, er kann sich dann in vermögensrechtlicher Beziehung nicht mehr auf die Folgen der Nichtigkeit berufen, m. a. W. die Erklärung ist unwiderruflich. Der Entwurf I bestimmte dies in § 1258 Abs. 2 S. 1 durch Verweisung auf den die Unwiderruflichkeit der vollzogenen Wahl bei der Wahlschuld aussprechenden § 209 (Entw. I), der für entsprechend anwendbar erklärt war, ausdrücklich. Für das Gesetz ergibt es sich ohne weiteres aus der Fassung, daß der gutgläubige Ehegatte, der von dem Rechte des § 1345 Gebrauch macht, die Folgen der Nichtigkeit der Ehe nicht mehr geltend machen kann.

---

[1] So Planck a. a. O. Bem. 1a zu § 1347, Staudinger a. a. O. Anm. 1 zu § 1347, Schmidt a. a. O. Anm. 1 zu § 1347, Opet a. a. O. Anm. 1 zu § 1347.

[2] Vgl. auch Crome a. a. O. § 549 Anm. 77 (S. 194).

Erklärt umgekehrt der gutgläubige Ehegatte dem anderen Ehegatten, es solle bei den Folgen der Nichtigkeit bewenden, so erlischt mit dieser Erklärung das im § 1345 Abs. 1 bestimmte Entscheidungsrecht. Der gutgläubige Ehegatte ist daher auch hier an seine Entscheidung gebunden, seine Erklärung kann von ihm nicht widerrufen werden. Für diese gleichfalls einseitige empfangsbedürftige Willenserklärung gilt das Gleiche wie für die Erklärung des gutgläubigen Ehegatten, er mache von dem Rechte des § 1345 Gebrauch. Insbesondere bedarf auch diese Erklärung keiner bestimmten Form und kann daher auch stillschweigend erfolgen, etwa durch Inanspruchnahme eines nur nach den Grundsätzen der Nichtigkeit gegebenen Rechts, in der dann in der Regel ein Verzicht auf das in § 1345 Abs. 1 bestimmte Entscheidungsrecht erblickt werden muß.

2. Hat der berechtigte Ehegatte sich einmal dahin erklärt, daß er von der Befugnis des § 1345 Gebrauch mache, so hat nunmehr die Regelung seines Verhältnisses zu dem anderen Ehegatten in vermögensrechtlicher Beziehung einheitlich nach den Grundsätzen des Scheidungsrechtes zu erfolgen.[1] Eine Geltendmachung des in § 1345 bestimmten Entscheidungsrechts nur in gewissen vermögensrechtlichen Beziehungen ist ausgeschlossen.[2] Es ergibt sich dies deutlich aus der Fassung des § 1345, der dem Berechtigten die Befugnis verleiht, statt der Behandlung nach den Grundsätzen der Nichtigkeit die Beurteilung des Verhältnisses zu dem anderen Ehegatten nach den Grundsätzen der Scheidung zu verlangen. Es kann daher durch den berechtigten Ehegatten nicht etwa Unterhalt von dem anderen Ehegatten nach Scheidungsrecht beansprucht, Beurteilung des Verhältnisses in vermögensrechtlicher Beziehung im übrigen aber nach den Grundsätzen der Nichtigkeit gefordert werden. Wollte man dem Be-

[1] So Opet a. a. O. Anm. 5 unter 5 zu § 1345, Wieruszowski a. a. O. II S. 16 Anm. 17, Mayer-Reis a. a. O. § 9 I unter 5 (S. 39), Thiesing a. a. O. S. 192, Matthiass a. a. O. § 228 unter 2 (S. 572); vgl. auch Planck a. a. O. Bem. 1a zu § 1347.

[2] Anderer Meinung Mitteis a. a. O. S. 13 Anm. 14, der das in § 1345 bestimmte Recht für teilbar hält, da es sich hier um teilbare Angelegenheiten handle.

rechtigten die Entscheidung überlassen, in welchen einzelnen vermögensrechtlichen Beziehungen sich das Verhältnis nach Scheidungsrecht, in welchen es sich nach den Grundsätzen der Nichtigkeit bestimmen solle, so würde man ihm dadurch, worauf Opet[1] mit Recht hinweist, „die Möglichkeit einer ungerechtfertigten, keiner Remedur fähigen Bereicherung“ gewähren. Dem gutgläubigen Ehegatten, der von dem Rechte des § 1345 Gebrauch macht, bleibt dagegen, würde für die Ehe der Güterstand der allgemeinen Gütergemeinschaft oder der Fahrnisgemeinschaft zu gelten haben, bei der Vermögensauseinandersetzung die Wahl nach § 1478 (und § 1549) darüber, ob er Teilung des nach Berichtigung der Gesamtgutsverbindlichkeiten sich ergebenden Überschusses zur Hälfte oder Rückerstattung des Wertes des Eingebrachten verlangen will.[2] Denn diese Befugnis eröffnet sich auch dem an der Scheidung unschuldigen Ehegatten für die Vermögensauseinandersetzung nach den einschlägigen Bestimmungen des ehelichen Güterrechts, für die nur sich der gutgläubige Ehegatte mit der Geltendmachung des in § 1345 bestimmten Rechts entscheidet, und berührt die Unteilbarkeit des Rechts — nur keine Möglichkeit der Wahl bei Ausübung des Rechts in den einzelnen durch § 1345 betroffenen vermögensrechtlichen Beziehungen zwischen den Folgen der Nichtigkeit und Behandlung nach Scheidungsrecht — nicht.

3. Für die Geltendmachung des in § 1345 bestimmten Entscheidungsrechts ist an sich eine Frist, innerhalb deren sie zu erfolgen hätte, nicht bestimmt, die Geltendmachung ist an sich zeitlich unbeschränkt. Dies könnte jedoch dazu führen, daß der andere Ehegatte sich ständig darüber in Ungewißheit befindet, ob der berechtigte Ehegatte von dem Rechte des § 1345 Gebrauch machen werde, oder ob es bei den Folgen der Nichtigkeit zu verbleiben habe. Um nun dem anderen Ehegatten ein Mittel an die Hand zu geben, sich aus dieser Ungewißheit zu befreien, gewährt ihm der § 1347 Abs. 2 die Befugnis, durch Aufforderung des Berechtigten zur Erklärung unter Setzung einer angemessenen

---

[1] Opet a. a. O. Anm. 5 unter 5 zu § 1345.

[2] Vgl. oben § 5, I unter 3 (S. 59, 60).

Frist eine Entscheidung herbeizuführen. Der § 1347 Abs. 2 schreibt vor:

„Der andere Ehegatte kann den berechtigten Ehegatten unter Bestimmung einer angemessenen Frist zur Erklärung darüber auffordern, ob er von dem Rechte (des § 1345) Gebrauch mache. Das Recht kann in diesem Falle nur bis zum Ablaufe der Frist ausgeübt werden."

Erklärt sich der berechtigte Ehegatte innerhalb einer ihm hiernach von dem anderen Ehegatten gesetzten angemessenen Frist nicht, läßt er die Frist ungenutzt verstreichen, so kann er nach deren Ablaufe das Entscheidungsrecht aus § 1345 für sich nicht mehr in Anspruch nehmen, es verbleibt vielmehr dann bei den Folgen der Nichtigkeit. Lewin[1] nimmt hier zu Unrecht eine Erklärung durch Stillschweigen an. Er sieht in dem Schweigen des berechtigten Ehegatten auf die Aufforderung des anderen Ehegatten die Erklärung, daß es bei den Folgen der Nichtigkeit sein Bewenden haben solle. Ein Stillschweigen kann jedoch nur dann als Willensäußerung angesehen werden, wenn dieser Schluß durch Rechtssatz ausdrücklich vorgeschrieben ist (oder, was jedoch hier nicht in Betracht kommt, sich nach der Sachlage des einzelnen Falles und bei Anwendung des Grundsatzes von Treu und Glauben als zwingend ergibt). Das Gesetz sagt aber nur, daß das Recht aus § 1345 bei Fristsetzung nur bis zum Ablaufe der Frist ausgeübt werden kann. Es handelt sich hiernach nach dem klaren Wortlaute des Gesetzes um eine — allerdings von dem Nicht-Berechtigten gesetzte — Ausschlußfrist, deren Nichtwahrung den Verlust des Rechts zur Folge hat, nicht aber, auch wenn sie gewollt ist, als Rechtsgeschäft, als Willenserklärung gedeutet werden kann. Im Ergebnisse freilich kommen beide Annahmen auf dasselbe hinaus.

Die Aufforderung zur Abgabe einer Erklärung innerhalb der gesetzten Frist ist, wie die Erklärung des Berechtigten, daß er von dem Rechte Gebrauch mache, eine einseitige, empfangsbedürftige und an keine Form gebundene Willenserklärung, auf welche die allgemeinen Vorschriften der §§ 130 bis 132 Anwendung

[1] Lewin a. a. O. S. 31.

finden; auch hinsichtlich ihrer Nichtigkeit und Anfechtbarkeit entscheiden, wie für jene, die allgemeinen Rechtsregeln.

Die Angemessenheit der Frist bestimmt sich nach den Umständen des einzelnen Falles. War die gesetzte Frist unangemessen kurz, so ist sie zwar nicht völlig unwirksam gesetzt, durch ihre Stellung wird vielmehr eine von der Fristbestimmung an laufende angemessene Frist in Bewegung gesetzt; nur innerhalb dieser angemessenen Frist aber ist der berechtigte Ehegatte, um sein Recht zu wahren, zur Abgabe der Erklärung, daß er von dem Rechte Gebrauch mache, verpflichtet.[1] Daß der nicht berechtigte Ehegatte die Frist der Dauer nach bestimmt, ist nicht erforderlich; die Aufforderung an den berechtigten Ehegatten, sich „binnen angemessener Frist" zu erklären, genügt.[2] — Ist der zur Aufforderung befugte Ehegatte unter Hinterlassung mehrerer Erben gestorben, so wird durch die Aufforderung auch nur eines der Erben die in § 1347 bestimmte Frist in Lauf gesetzt. Ist umgekehrt der berechtigte Ehegatte von mehreren beerbt worden, so muß die Aufforderung mit der Fristsetzung allen Erben gegenüber erfolgen, soll sie rechtswirksam sein.[3]

Die Aufforderung zur Abgabe einer Erklärung mit Stellung einer Frist und deren Ablauf sowie die Angemessenheit der Frist hat der nicht berechtigte Ehegatte im Streitfalle zu beweisen. Demgegenüber hat der berechtigte Ehegatte darzutun, daß er innerhalb der gesetzten Frist oder, falls diese unangemessen kurz bemessen war, innerhalb einer von der Fristbestimmung an laufenden angemessenen Frist die Erklärung, daß er von dem Rechte aus § 1345 Gebrauch mache, abgegeben habe.[4]

II. Abgesehen von dem Verzichte des Berechtigten nach § 1347 Abs. 1 Halbs. 2 und dem Ausschlusse wegen Nichtausübung

---

[1] Vgl. STAUDINGER a. a. O. Anm. 5, b, β zu § 250, OERTMANN a. a. O. Anm. 3 zu § 250.

[2] So die herrschende Ansicht. Vgl. STAUDINGER a. a. O. Anm. 4 zu § 250.

[3] So OPET a. a. O. Anm. 2 a. E. zu § 1347.

[4] Vgl. PLANCK a. a. O. Bem. 3 zu § 250, STAUDINGER a. a. O. Anm. 7 zu § 250, OERTMANN a. a. O. Anm. 5 zu § 250.

innerhalb einer dem Berechtigten vom Nichtberechtigten gesetzten Frist nach § 1347 Abs. 2 erlischt das in § 1345 bestimmte Entscheidungsrecht nicht, insbesondere ist eine Verjährung des Rechts ausgeschlossen. Nach Opet[1] freilich soll das Recht aus § 1345 der Verjährung unterliegen und die Verjährung des Rechts gemäß § 200 S. 1 mit dem Zeitpunkte beginnen, von welchem an die Anfechtung der Ehe zulässig ist. Die Vorschrift des § 194 Abs. 2, nach der der Anspruch aus einem familienrechtlichen Verhältnisse, soweit er auf die Herstellung des dem Verhältnisse entsprechenden Zustandes für die Zukunft gerichtet ist, der Verjährung nicht unterliegt, und die Vorschrift des § 200 S. 2, nach der die Bestimmung des § 200 S. 1 über den Beginn der Verjährung eines in seinem Bestande von dem Gebrauchmachen eines Anfechtungsrechtes abhängigen Anspruches mit dem Zeitpunkte der Zulässigkeit der Anfechtung nicht gelten soll, wenn die Anfechtung sich auf ein familienrechtliches Verhältnis bezieht, erklärt Opet für unanwendbar, da der „Anspruch auf die Ermächtigung des § 1345“ sich nicht auf ein familienrechtliches Verhältnis, sondern auf die Negation eines solchen, den Nicht-Bestand der Ehe gründe. Allein es handelt sich bei dem Entscheidungsrechte des § 1345 gar nicht um einen Anspruch im Sinne des § 194, der der Verjährung unterlegen wäre. Unter Anspruch im Sinne der angezogenen Gesetzesbestimmung ist das Recht zu verstehen, insofern es in der Person eines anderen eine bestimmte gegenwärtige Verpflichtung erzeugt, oder, wie das Gesetz es ausdrückt, das Recht, von einem anderen ein Tun oder ein Unterlassen zu verlangen. Als ein solcher Anspruch kann indessen das dem gutgläubigen Ehegatten in § 1345 gewährte Recht nicht angesehen werden, vielmehr wird dem gutgläubigen Ehegatten durch den § 1345 nur die Befugnis eingeräumt, durch einseitige Erklärung gegenüber dem anderen Ehegatten die gegenseitigen Rechte und Pflichten in vermögensrechtlicher Beziehung nach Nichtigkeitserklärung oder Auflösung der Ehe abweichend von den sonst Platz greifenden Grundsätzen der Nichtigkeit zu bestimmen, an die Stelle der

[1] Opet a. a. O. Anm. 6 c zu § 1345.

Folgen der Nichtigkeit eine andere Gestaltung des Verhältnisses zu setzen.[1]

Ist hiernach auch eine Verjährung der in § 1345 gegebenen Befugnis als solcher ausgeschlossen, so unterliegen doch die einzelnen Ansprüche, die sich aus der durch die Ausübung der Befugnis geschaffenen Rechtslage ergeben, der Verjährung.[2] Für die Verjährung dieser Ansprüche haben die allgemeinen Grundsätze zu gelten. Ist die Ehe nichtig und für nichtig erklärt oder aufgelöst worden, so beginnt die Verjährung mit der Nichtigkeitserklärung oder der Auflösung der Ehe. Der gleiche Zeitpunkt muß aber auch bei Anfechtbarkeit der Ehe als entscheidend für den Beginn der Verjährung angesehen werden, nicht schon der Zeitpunkt, in dem die Anfechtung der Ehe zulässig war. Es ergibt sich dies daraus, daß sich die Anfechtung hier auf ein familienrechtliches Verhältnis bezieht, sodaß die Vorschrift des § 200 S. 2 anwendbar ist, wonach es für den Beginn der Verjährung der aus der Anfechtung sich ergebenden Ansprüche, sofern die Anfechtung ein familienrechtliches Verhältnis betrifft, nicht, wie sonst bei Anfechtungsrechten, auf den Zeitpunkt der Zulässigkeit der Anfechtung ankommt, es vielmehr bei der Regelvorschrift des § 198 S. 1 verbleibt, daß die Verjährung erst mit der Entstehung des Anspruches beginnt,[3] eine Beweisführung, die, wie bereits

[1] Wie hier nehmen Unverjährbarkeit des in § 1345 bestimmten Rechts an u. a. Planck a. a. O. Anm. 4 a. E. zu § 1345, Staudinger a. a. O. Anm. 8 zu § 1345, Endemann a. a. O. § 160 a Anm. 66 (S. 173), Thiesing a. a. O. S. 188.

[2] Für den Unterhaltsanspruch des gutgläubigen Ehegatten aus § 1578 kann es freilich zweifelhaft erscheinen, ob er der Verjährung unterworfen ist, oder ob nicht vielmehr eine Unverjährbarkeit desselben als eines Anspruches aus einem familienrechtlichen Verhältnisse, auf die Herstellung des diesem Verhältnisse entsprechenden Zustandes für die Zukunft gerichtet, nach § 194 Abs. 2 anzunehmen ist. Denn der Anspruch auf Unterhaltsgewährung ist weniger als Entschädigungsanspruch, sondern mehr als eine Nachwirkung der Ehe zu betrachten. — Über die Natur des dem unschuldigen geschiedenen Ehegatten gegen den schuldigen Ehegatten zustehenden Anspruches aus § 1578 vgl. Planck a. a. O. Bem. 1 zu § 1578, Staudinger a. a. O. Anm. 10 zu § 1578.

[3] So Staudinger a. a. O. Anm. 8 zu § 1345. Vgl. auch Planck a. a. O. Bem. 2 zu § 200.

oben ausgeführt worden ist, OPET, allerdings für das Entscheidungsrecht aus § 1345 selbst, das er für verjährbar hält, ablehnt. In den Fällen der Anfechtung der Ehe wegen Irrtums und nach § 1350 durch den Ehegatten der früheren Ehe würde aber für die Anwendung des § 200 S. 1 auch gar kein Raum sein, da in diesen Fällen aus der Anfechtung die Ansprüche aus § 1345 nicht für den anfechtungsberechtigten und anfechtenden Ehegatten, sondern für den anderen Ehegatten entstehen. — Zu Unrecht meint LEWIN,[1] STAUDINGER[2] verstehe OPET falsch, der die Anwendbarkeit des § 200 S. 2 gar nicht für die einzelnen vermögensrechtlichen Ansprüche, sondern nur für das Entscheidungsrecht aus § 1345 selbst verneine, wie sich aus der Bemerkung OPET's,[3] daß die vermögensrechtlichen Ansprüche zwischen den Ehegatten in dem Zeitraume zwischen der Schließung und der Nichtigkeitserklärung oder Auflösung der nichtigen Ehe gemäß § 204 S. 1 gehemmt seien, ergäbe. Indessen will STAUDINGER meines Erachtens auch nur sagen, daß der Grund, aus dem OPET zu der Annahme der Unanwendbarkeit der Vorschrift des § 200 S. 2 gelangt, nämlich daß sich das Entscheidungsrecht aus § 1345 nicht auf ein familienrechtliches Verhältnis, sondern auf die Negation eines solchen, den Nicht-Bestand der Ehe, gründe, nicht stichhaltig sei. Die gleiche Erwägung wie die Erwägung OPET's für die Frage der Verjährung und des Beginns der Verjährung des Rechts aus § 1345, das OPET fälschlicherweise als Anspruch selbst auffaßt, muß aber auch für die Frage der Verjährung und des Beginnes der Verjährung der einzelnen aus dem Entscheidungsrechte des § 1345 erwachsenden Ansprüche Platz greifen.

III. Im Gegensatze zu § 1345, der es der Entscheidung des gutgläubigen Ehegatten überläßt, ob statt der Folgen der Nichtigkeit eine Beurteilung des Verhältnisses der Ehegatten zueinander nach Scheidungsrecht mit den sich hieraus ergebenden Ansprüchen eintreten soll, läßt das Gesetz bei Anfechtung der Ehe durch den Ehegatten einer früheren Ehe wegen Überlebens des für tot er-

---

[1] LEWIN a. a. O. S. 32.

[2] STAUDINGER a. a. O.

[3] OPET a. a. O. Anm. 5 unter 3 zu § 1345.

klärten Ehegatten für den anderen Ehegatten der neuen Ehe nach § 1351 unmittelbar einen Unterhaltsanspruch nach den für die Scheidung geltenden Vorschriften der §§ 1578 bis 1582 entstehen. Hier kann daher auch kein Zustand der Ungewißheit für den — kraft Gesetzes — verpflichteten Ehegatten eintreten, und es bedarf demnach auch keiner Bestimmung, durch die dem Verpflichteten, wie im Falle des § 1345, die Befugnis gegeben würde, eine Entscheidung des Berechtigten über die Ausübung des Rechts durch Aufforderung unter Setzung einer Ausschlußfrist herbeizuführen.

IV. Im Anschlusse hieran sei noch die von Weyl[1] aufgeworfene Frage erörtert, was bezüglich des in § 1345 bestimmten Entscheidungsrechts geschehe, wenn es gegebenen Falles beiden Ehegatten zustehe, ob wohl dann beide das Recht aus § 1345 ausüben könnten.

Bevor diese Frage beantwortet werden kann, ist zu prüfen, ob es überhaupt möglich ist, daß das Entscheidungsrecht des § 1345 beiden Ehegatten zukommt, was — abgesehen von dem Falle, daß ein Ehegatte die Ehe außer wegen Irrtums noch aus einem anderen Grunde anficht, — nur denkbar ist, wenn die Nichtigkeit oder Anfechtbarkeit der Ehe von beiden Teilen geltend gemacht werden kann und geltend gemacht wird.

Daß die Nichtigkeit der Ehe von jedem Ehegatten im Wege der Klage geltend gemacht werden kann, ergibt sich aus dem klaren Wortlaute des § 632 Abs. 1 S. 1 ZPO. Ebenso bestimmt der § 1350 für den Fall der Wiederverheiratung nach Todeserklärung, daß jeder Ehegatte der neuen Ehe, wenn der für tot erklärte Ehegatte der früheren Ehe noch lebt, die neue Ehe anfechten kann, es sei denn, daß er bei der Eheschließung von dessen Leben Kenntnis hatte.[2] Dagegen ist in den übrigen Anfechtungsfällen nach der Fassung des Gesetzes über den Anfechtungsgrund nur der eine Ehegatte als zur Anfechtung berechtigt

[1] Weyl a. a. O. S. 617ff.

[2] Eine beiderseitige Berechtigung der Ehegatten aus § 1351 kann jedoch hier deshalb nicht in Frage kommen, da der Anspruch aus § 1351 ausdrücklich nur dem Ehegatten der neuen Ehe bei Anfechtung der Ehe durch den Ehegatten der früheren Ehe gegeben ist.

anzusehen. Es ist jedoch Weyl in seiner Behauptung zuzustimmen, daß sich unter Umständen der gleiche Anfechtungsgrund für jeden der Ehegatten finden könne, oder daß sich mehrere verschiedene Anfechtungsgründe durchkreuzen könnten und dann nicht abzusehen sei, weshalb nicht auch beide Teile ein Anfechtungsrecht haben sollten.[1]

In den Fällen nun, in denen eine Anfechtung der Ehe durch beide Ehegatten erfolge, könne, meint Weyl, genau ebenso wie bei Erhebung der Nichtigkeitsklage durch beide Ehegatten, grundsätzlich auch für beide Teile eine Berechtigung aus § 1345, entweder nach §§ 1345, 1346 S. 1 für den Anfechtungsberechtigten, oder nach § 1346 S. 2 für den Nichtanfechtungsberechtigten, in Betracht kommen. Beiden Rechten sei zunächst volle Existenzberechtigung zuzusprechen. Alsdann kreuzten sich die Möglichkeiten dahin, daß der eine Ehegatte verlange, es sollten die Nichtigkeitsfolgen, der andere, es sollten die Folgen der Ehescheidung eintreten, oder beide Ehegatten die Folgen der Nichtigkeit oder beide Ehegatten die Folgen fingierter Ehescheidung beanspruchten. Die erste Möglichkeit erweise sich aber als rechtlich undurchführbar, erklärten beide Ehegatten sich für die Folgen der Nichtigkeit, so käme dies auf einen Verzicht beider auf Ausübung des ihnen zustehenden Entscheidungsrechts heraus, und verlangten endlich beide eine Beurteilung ihres Verhältnisses zueinander nach Scheidungsrecht, so würde dies daran scheitern, daß nunmehr beide Ehegatten in fiktiver Weise für schuldig erklärt werden würden, was nicht zu dem in § 1345 Abs. 1 a. E. ausdrücklich angeordneten Ergebnisse führen könnte, daß in fiktiver Weise jeder für allein schuldig erklärt werde. Auch für diesen letzteren Fall sei daher zuzugeben, daß zwei gegnerische Wahlrechte sich miteinander nicht vertrügen und daher notgedrungen beide für fortfallend erklärt werden müßten.

Allein mit Lewin[1] dürfte zu leugnen sein, daß es überhaupt Fälle gibt, in denen grundsätzlich das Entscheidungsrecht aus § 1345 beiden Ehegatten zur Ausübung zusteht. Wie auch Weyl

[1] Vgl. Weyl a. a. O. S. 617.
[2] Lewin a. a. O. S. 50f.

richtig hervorhebt, müßten in jedem Falle, in dem man dem einen Ehegatten das in § 1345 bestimmte Entscheidungsrecht zusprechen wollte, die besonderen Voraussetzungen des § 1345 hinsichtlich der Gut- und Bösgläubigkeit gegeben sein. Das Recht aus § 1345 setzt nun — abgesehen von dem Falle der Anfechtung der Ehe wegen Irrtums — voraus, daß der eine Ehegatte sich in Unkenntnis der Nichtigkeit oder Anfechtbarkeit bei Eingehung der Ehe befunden hat, während dem anderen Ehegatten die Nichtigkeit oder Anfechtbarkeit der Ehe bekannt war. Bezüglich der Unkenntnis des das Entscheidungsrecht des § 1345 in Anspruch nehmenden Ehegatten drückt sich das Gesetz aber dahin aus, daß dem Ehegatten das Recht nur zustehen solle, „sofern nicht auch ihm die Nichtigkeit bekannt war". Daraus dürfte zu entnehmen sein, daß es nicht darauf ankommt, ob dem Ehegatten nun gerade der Nichtigkeits- oder Anfechtungsgrund, aus dem dann später auch die Nichtigkeitserklärung erfolgte, bekannt war, es vielmehr, wie auch im Falle der Auflösung der Ehe, als genügend angesehen werden muß, daß der Ehegatte überhaupt wußte, eine Tatsache lasse die Ehe nicht zu Recht bestehen. Es läßt sich dies auch aus dem ganzen Zwecke der Bestimmung des § 1345 als einer Maßregel zum Schutze des allein gutgläubigen Ehegatten und aus der Erwägung folgern, daß ein Ehegatte, der trotz der Kenntnis der Nichtigkeit oder Anfechtbarkeit der Ehe mit dem anderen Ehegatten die Ehe eingeht, eines solchen Schutzes nicht würdig ist. Wo mithin das in § 1345 bestimmte Entscheidungsrecht dem einen Ehegatten zuzusprechen ist, weil er bei der Eheschließung die Nichtigkeit der Ehe nicht kannte, während diese dem anderen Ehegatten bekannt war, kann dem anderen Ehegatten das Recht auch nicht in einem anderen Falle zukommen, weil er dann notwendig als bösgläubig im Sinne des § 1345 zu gelten hat; wie umgekehrt in diesem Falle der andere Ehegatte nicht bösgläubig sein kann, weil er sonst auch nicht in dem ersten Falle als gutgläubig angesehen werden könnte.

Bei Anfechtung der Ehe wegen Irrtums kommt nicht dem die Ehe anfechtenden anfechtungsberechtigten Ehegatten das in § 1345 bestimmte Entscheidungsrecht zu, der § 1346 S. 2 gibt vielmehr in diesem Falle das Recht dem nicht anfechtungsberechtigten, nicht im Irrtume befangenen Ehegatten, es sei denn, daß dieser den Irrtum des anderen, anfechtungsberechtigten Ehegatten bei Eingehung der Ehe kannte oder kennen mußte. Ficht nun der irrende Ehegatte außer wegen Irrtums die Ehe noch aus einem anderen Anfechtungsgrunde, etwa wegen arglistiger Täuschung, an, so könnte — hier bei auch nur einseitiger Anfechtung — gleichfalls daran gedacht werden, daß beiden Ehegatten — dem einen als nicht anfechtungsberechtigten, die Ehe nicht anfechtenden Ehegatten aus der Anfechtung wegen Irrtums, dem anderen als anfechtungsberechtigten und die Ehe anfechtenden Ehegatten aus der Anfechtung aus dem weiterhin geltend gemachten Grunde — das in § 1345 bestimmte Entscheidungsrecht zustehe. Eine grundsätzliche Berechtigung beider Ehegatten aus § 1345 kann jedoch auch in diesem Falle nicht gegeben sein. Wußte der nicht irrende Ehegatte bei der Eheschließung, daß die Ehe aus irgendeinem Grunde anfechtbar war, so kann für ihn eine Berechtigung nach § 1346 S. 2 nicht in Betracht kommen, mag er auch den Irrtum des anderen Ehegatten bei Eingehung der Ehe nicht gekannt haben. Denn bei Kenntnis von der Anfechtbarkeit der Ehe greift die Regelvorschrift des § 1345 Platz, wonach das Entscheidungsrecht dem die Anfechtbarkeit bei der Eheschließung nicht kennenden Ehegatten zukommt, und ist für die Anwendbarkeit der Sondervorschrift des § 1346 S. 2, der nur für den Fall gegeben ist, daß auch der nicht irrende Ehegatte gutgläubig im Sinne des § 1345 ist, kein Raum. Die Annahme, daß dem nicht anfechtungsberechtigten Ehegatten bei Anfechtung der Ehe wegen Irrtums das Entscheidungsrecht nach § 1346 S. 2 grundsätzlich auch dann zustehe, wenn er die Anfechtbarkeit der Ehe gekannt hat, wenn ihm nur nicht der Irrtum des anderen Ehegatten bei Eingehung der Ehe bekannt war, würde sich mit dem Grundgedanken des § 1346 S. 2, das Vertrauen des nicht irrenden Ehegatten auf die Gültigkeit der Ehe zu schützen, nicht vereinbaren lassen. Denn wußte der nicht im Irrtume befangene Ehegatte, daß die Anfechtbarkeit der Ehe aus irgendeinem Grunde gegeben war, so kann er sich bei der Eheschließung auch nicht auf die Gültigkeit der Ehe verlassen haben, da er immer mit der Möglichkeit der Anfechtung aus dem ihm als solchen bekannten Anfechtungsgrunde rechnen mußte. Wie auch für den Fall, daß der nicht irrende Ehegatte bei Eingehung der Ehe die durch den Irrtum des anderen Ehegatten selbst begründete Anfechtbarkeit der Ehe kannte,[1] muß vielmehr bei Kenntnis jeder, gleichviel durch welche Tatsache begründeten Anfechtbarkeit durch den nicht irrenden Ehegatten angenommen werden, daß eine Berechtigung des nicht anfechtigungsberechtigten Ehegatten nach § 1346 S. 2 ausgeschlossen und der anfechtungsberechtigte irrende Ehegatte für aus § 1345 berechtigt zu erachten ist. Auch bei einer Häufung der Anfechtungsgründe durch den irrenden Ehegatten kann daher, ist aus der Anfechtung aus dem einen Anfechtungsgrunde der irrende Ehegatte nach § 1345 als berechtigt anzusehen, weil dem nicht irrenden Ehegatten die Anfechtbarkeit der Ehe bekannt war, eine Berechtigung des nicht irrenden Ehegatten aus der Anfechtung wegen Irrtums nicht gegeben sein, da der nicht irrende Ehegatte dann notwendig als bösgläubig im Sinne des § 1345 gelten und daher der irrende Ehegatte nach der Regelvorschrift des § 1345 auch aus der Anfechtung wegen Irrtums als aus § 1345 berechtigt angesehen werden muß.

Wie eine beiderseitige Anfechtung der Ehe aus jedem anderen gleichen Anfechtungsgrunde ist auch eine Anfechtung wegen Irrtums durch beide Ehegatten möglich. Hier eine grundsätzliche Berechtigung beider Ehegatten aus § 1345, eines jeden nach § 1346 S. 2 als nicht anfechtungsberechtigten Ehegatten, anzunehmen, sofern jeder Ehegatte den Irrtum des anderen nicht kannte und seine Unkenntnis auch nicht auf Fahrlässigkeit beruhte, verbietet sich gleichfalls aus dem von § 1346 S. 2 verfolgten Zweckgedanken. Der Grund, aus dem das Gesetz bei Anfechtung der Ehe wegen Irrtums dem nicht anfechtungsberechtigten Ehegatten das Entscheidungsrecht des § 1345 einräumt, ist, wie oben[2] des näheren ausgeführt worden ist, daß der Ehegatte, der wegen seines Irrtums die Ehe anficht und dadurch ihre Lösung veranlaßt, den anderen Ehegatten, der auf die Gültigkeit und

---

[1] Vgl. oben § 4 unter II, 2 (S. 38f.).
[2] Vgl. oben § 4 unter II, 2 (S. 36, 37).

den Bestand der Ehe gebaut hat, schadlos halten müsse. Dieser Grund entfällt jedoch, sobald auch der andere Ehegatte seinerseits die Ehe wegen Irrtums anficht und dadurch zu ihrer Lösung beiträgt.

Ähnlich wie in den Fällen, daß die Ehe außer wegen Irrtums noch aus einem anderen Anfechtungsgrunde angefochten wird, verhält es sich, ficht bei Wiederverheiratung im Falle der Todeserklärung der zurückgebliebene Ehegatte außer nach § 1350 wegen Überlebens des für tot Erklärten die Ehe noch aus einem sonstigen Anfechtungsgrunde an. Auch hier würde es dem Zwecke des Gesetzes widersprechen, wollte man, falls dem die Ehe anfechtenden Ehegatten das Entscheidungsrecht des § 1345 gebührte, weil dem anderen Ehegatten der neuen Ehe bei der Eheschließung die Anfechtbarkeit der Ehe aus dem weiterhin geltend gemachten Anfechtungsgrunde bekannt war, den vom § 1351 gewährten Unterhaltsanspruch dem Ehegatten der neuen Ehe zubilligen, weil er nur nicht das Überleben der Todeserklärung durch den für tot Erklärten bei der Eingehung der Ehe kannte. Denn der § 1351 gibt dem Ehegatten der neuen Ehe den Unterhaltsanspruch nur, weil es unbillig erschien, bei Anfechtung der neuen Ehe durch den zurückgebliebenen Ehegatten den anderen Ehegatten völlig leer ausgehen zu lassen, der sich bei Eingehung der Ehe darauf verlassen habe, daß die Ehe rechtlichen Bestand habe und nur durch den Tod eines der Ehegatten gelöst werde. Man muß daher auch hier entsprechend dem Grundgedanken des § 1351 annehmen, daß, sind die Voraussetzungen zum Entstehen des Rechts aus § 1345 für den die Ehe anfechtenden Ehegatten der früheren Ehe gegeben, nur diesem das Entscheidungsrecht aus § 1345 zukommt, während der Unterhaltsanspruch für den anderen Ehegatten der neuen Ehe, der im Bewußtsein der Anfechtbarkeit die Ehe einging und daher bei Eingehung der Ehe auch nicht auf ihre Gültigkeit und ihren Bestand hat vertrauen können, in Fortfall bleiben muß.

Muß hiernach schon die Möglichkeit einer beiderseitigen grundsätzlichen Berechtigung der Ehegatten aus § 1345 bestritten werden, so kann auch eine Ausübung des Entscheidungsrechts aus § 1345 durch beide Ehegatten selbst nicht in Frage kommen.

Die Auffassung Weyl's, der im Resultate freilich auch zu der Annahme einer Unmöglichkeit der Ausübung des in § 1345 bestimmten Entscheidungsrechts durch beide Ehegatten gelangt, führt zu dem unbilligen Ergebnisse, daß den Ehegatten grundsätzlich ein Recht zukommt, daß sie dieses Recht aber wegen rechtlicher oder praktischer Undurchführbarkeit nur nicht ausüben können. Dagegen muß es als durchaus möglich anerkannt werden, daß einem der Ehegatten das in § 1345 bestimmte Entscheidungsrecht aus mehreren verschiedenen Gründen zusteht, wie möglicherweise bei Anfechtung der Ehe wegen Irrtums durch den einen, wegen eines sonstigen Anfechtungsgrundes durch den anderen Ehegatten oder bei Geltendmachung der Nichtigkeit oder Anfechtbarkeit der Ehe durch denselben Ehegatten unter Häufung der Nichtigkeits- oder der Anfechtungsgründe.

§ 7.

4. Rechtliche Natur des Rechts.

I. Bei Beurteilung der Frage, welche rechtliche Natur der in § 1345 dem gutgläubigen Ehegatten eingeräumten Befugnis zukommt, ist davon auszugehen, in welcher Weise das Gesetz das Verhältnis der Bestimmung des § 1345 zu der von ihm sonst für die nichtige Ehe getroffenen grundsätzlichen Regelung geordnet hat.

Wie bereits mehrfach erwähnt worden ist, ist nach dem Bürgerlichen Gesetzbuche auch für den Fall, daß nur einer der Ehegatten bei Eingehung der Ehe sich in gutem Glauben befand, die grundsätzliche Regelung die, daß die Ehe nichtig ist, und daß daher alle Folgen der Nichtigkeit eintreten. Dieser Regelung gegenüber bedeutet es eine Ausnahme, wenn das Bürgerliche Gesetzbuch, um dem guten Glauben eines der Ehegatten nicht jeden Einfluß zu nehmen, dem bei Eingehung der Ehe allein gutgläubigen Ehegatten in § 1345 das Recht gibt, zu verlangen, daß sein Verhältnis zu dem anderen Ehegatten in vermögensrechtlicher Beziehung nach Nichtigkeitserklärung oder Auflösung der Ehe so behandelt werde, als sei die Ehe zur Zeit der Nichtigkeitserklärung oder Auflösung geschieden und der andere Ehegatte für den allein schuldigen Teil erklärt worden. Die Beziehung vom Grundsatze zur Ausnahme ist jedoch nicht derart gestaltet, daß bei Vorliegen der Voraussetzungen des § 1345 die Folgen der Nichtigkeit überhaupt entfielen und es so angesehen werde, als sei die Ehe, wenigstens in gewissem Umfange, gültig gewesen. Das Gesetz räumt vielmehr dem gutgläubigen Ehegatten nur die Befugnis ein, zu verlangen, daß die aus der Nichtigkeit sich ergebenden Folgen als in gewissen Beziehungen nicht erwachsen gelten und dafür eine andere Beurteilung des gegenseitigen Verhältnisses Platz greift. Es stellt dem gutgläubigen Ehegatten frei, es bei der an sich und ohne weiteres nach dem Gesetze eingetretenen Rechtslage — den Folgen der Nichtigkeit — zu belassen oder statt dessen eine andere Beurteilung — die Behandlung nach Scheidungsrecht — zu verlangen. Macht der gutgläubige Ehegatte von der ihm in § 1345 gegebenen Befugnis keinen Gebrauch, so bewendet es schlechthin bei den Folgen der Nichtigkeit.

Darnach trägt das in § 1345 bestimmte Entscheidungsrecht des gutgläubigen Ehegatten den Charakter einer Alternativermächtigung, einer facultas alternativa.

Buhl,[1] der im übrigen für das Gesetz wohl auch eine facultas alternativa annimmt, sieht bezüglich der rechtlichen Natur des Rechts einen grundsätzlichen Unterschied zwischen der Auffassung in den beiden Entwürfen und der Auffassung im Gesetze. Er führt aus, daß nach dem Gesetze nicht mehr, wie nach den beiden Entwürfen, bis zu der Erklärung des gutgläubigen Ehegatten oder dem Ablaufe einer diesem von dem anderen Teile bestimmten Frist, durch deren Ablauf der gutgläubige Ehegatte sein Recht, die Folgen der Scheidung herbeizuführen, einbüße, ein Zustand der Schwebe bestehe, während dessen es ungewiß sei, ob es zu den Folgen der Nichtigkeit oder der Ehescheidung kommen werde. Zu dieser Ansicht scheint Buhl dadurch verleitet worden zu sein, daß der Entwurf I (§ 1258) wie auch der Entwurf II (§ 1237) davon sprachen, der gutgläubige Ehegatte habe die „Wahl", ob gegenüber dem anderen Ehegatten in vermögensrechtlicher Beziehung es bei den aus der Nichtigkeit

[1] Buhl a. a. O. S. 153, 154.

der Ehe sich ergebenden Folgen verbleiben oder das Verhältnis so behandelt werden solle, wie wenn die Ehe geschieden und der andere Ehegatte für den schuldigen Teil erklärt wäre, der Entwurf I überdies Vorschriften (§§ 208, 209 Entw. I) über die Alternativobligation für entsprechend anwendbar erklärte. Schon die Fassung der Entwürfe („verbleiben") läßt jedoch erkennen, daß es nicht in der Absicht des Gesetzgebers gelegen hat, einen derartigen Zustand der Schwebe bis zur Entscheidung des berechtigten Ehegatten eintreten zu lassen. Auch die Motive bringen dies deutlich zum Ausdrucke, indem sie ausführen, daß, wenngleich der § 1258 (Entw. I) dem gutgläubigen Ehegatten ein „Wahlrecht" einräume, doch, wie aus der Fassung mit genügender Klarheit erhelle, das Verhältnis unter den Ehegatten, solange der gutgläubige Ehegatte von dem ihm beigelegten besonderen Rechte keinen Gebrauch gemacht habe, zunächst nach den Grundsätzen über die Nichtigkeit der Ehe zu beurteilen sei und erst die Erklärung des gutgläubigen Ehegatten, daß er von dem Rechte Gebrauch mache, bewirke, daß beide Teile im Verhältnisse zueinander so berechtigt und verpflichtet seien, wie wenn die Ehe gültig, aber geschieden und der andere Ehegatte für den schuldigen Teil erklärt worden wäre.[1] Für eine Absicht des Gesetzgebers, zunächst einen Schwebezustand Platz greifen zu lassen, spricht auch nicht die Verweisung im Entwurfe I auf die §§ 208, 209 (Entw. I). Denn diese dem jetzigen § 263 entsprechenden Vorschriften enthielten nur Bestimmungen über den Vollzug der Wahl und der Unwiderruflichkeit der vollzogenen Wahl bei Wahlschuldverhältnissen. In der zweiten Kommission wurde allerdings bei dem Antrage auf Neufassung des § 1237 (Entw. II) bemerkt, es handle sich bei der dem gutgläubigen Ehegatten zu gewährenden Befugnis nicht um eine Wahl im eigentlichen Sinne, sondern um eine facultas alternativa des berechtigten Teils, der an die Stelle der ohne weiteres, ohne Wahl eintretenden Folgen der Nichtigkeit durch einseitige Erklärung die andere Gestaltung des Verhältnisses setzen könne.[2] Wie die Bezugnahme auf die

[1] Vgl. Motive Bd. IV S. 69.
[2] Vgl. Protokolle Bd. VI S. 270.

Motive und auf den Wortlaut der Vorschrift („verbleiben“) bei der Anerkennung der Richtigkeit des Antrags in der zweiten Kommission erkennen läßt, sollte jedoch durch die angestrebte den Ausdruck „Wahl“ vermeidende Neufassung, wie sie dann auch für das Gesetz angenommen worden ist, nur einer falschen Auffassung der Rechtslage vorgebeugt werden. Eine grundsätzliche Änderung in der Auffassung von der rechtlichen Natur des Rechts ist darnach aber auch durch die Neufassung für das Gesetz gegenüber der Auffassung in den beiden Entwürfen nicht eingetreten, die vielmehr bereits die gleiche wie im Gesetze war.

Daß es sich nach dem Gesetze bei dem Entscheidungsrechte aus § 1345 nicht um eine Alternativobligation handelt, darüber herrscht jetzt wohl auch Einstimmigkeit in der Literatur. Das Wesen der sog. Wahlobligation besteht darin, daß Gegenstand der Obligation nicht eine bestimmte Leistung ist, sondern eine oder die andere von mehreren Leistungen. Bei der Alternativobligation ist also immer noch eine Wahl vorausgesetzt, es muß immer schließlich einer der beiden Teile wählen, was geleistet wird. Eine derartige Wahl, zwischen den Folgen der Nichtigkeit und der Beurteilung des Verhältnisses der Ehegatten zueinander nach den Grundsätzen des Scheidungsrechts, steht nach dem oben Ausgeführten dem gutgläubigen Ehegatten eben nicht zu, vielmehr treten die Folgen der Nichtigkeit grundsätzlich, ohne weiteres und ohne Wahl ein.

Dagegen besteht darüber, ob das Recht aus § 1345 als facultas alternativa, als die es bereits von der Kommission bezeichnet wurde, aufzufassen sei, keine volle Übereinstimmung in der Literatur. Von einer facultas alternativa schlechthin sprechen z. B. STAUDINGER,[1] DERNBURG,[2] MATTHIASS,[3] NEUMANN,[4] WEYL,[5] GERNSHEIM.[6] PLANCK[7] nimmt für das in § 1345 bestimmte Ent-

---

[1] STAUDINGER, a. a. O. Anm. 3 zu § 1345.

[2] DERNBURG, Familienrecht § 21 Anm. 11 (S. 73).

[3] MATTHIASS a. a. O. § 228 unter 2 (S. 572).

[4] NEUMANN a. a. O. Note 5, c, β zu § 1345.

[5] WEYL a. a. O. S. 564.

[6] GERNSHEIM a. a. O. S. 141 ff., 275.

[7] PLANCK a. a. O. Bem. 1 a. E. zu § 1345.

scheidungsrecht eine „Art facultas alternativa" an, OPET[1] — und diesem folgend WIERUSZOWSKI[2] — nennt die Befugnis aus § 1345 ein „Sonderrecht", eine „Alternativermächtigung" und COSACK[3] redet von einem „eigentümlichen Wahlrechte". Dagegen verneint ENDEMANN,[4] der das Entscheidungsrecht des gutgläubigen Ehegatten nach § 1345 als eine „subsidiäre Rechtswohltat", ein „zivilrechtliches Optionsrecht" bezeichnet, das Vorliegen einer facultas alternativa, da diese Rechtsfigur nur für einen Schuldner passe, der eine andere Leistung an die Stelle der vertragsmäßig geschuldeten einschieben dürfe; auf seiten des Gläubigers könne man höchstens von einer alternativen Ermächtigung reden; die aus dem Obligationsrechte entnommenen Vergleiche seien aber hier durchaus nicht am Platze, da sie die unrichtige Vorstellung erweckten, als ob es sich um die Erfüllung eines Schuldverhältnisses handele, während in Wahrheit nicht einmal ein Rechtsgeschäft in Frage stehe. Und auch LANGHEINEKEN[5] stellt das Vorhandensein einer facultas alternativa in Abrede, da im Falle des § 1345 in Wahrheit kein zivilrechtliches Recht auf eine Leistung vorliege und es keineswegs notwendig sei, daß von vornherein ein (primärer) Anspruch des gutgläubigen Ehegatten gegen den bösgläubigen Ehegatten bestünde, oder daß die Geltendmachung des Rechts einen (sekundären) Anspruch zur Enstehung brächte.

Gegen ENDEMANN ist zunächst einzuwenden, daß man von einer facultas alternativa nicht nur dann spricht, wenn der Schuldner die Befugnis hat, sich von seiner Verpflichtung durch Leistung eines anderen als des eigentlich geschuldeten Gegenstandes zu befreien, sondern auch dann, wenn dem Gläubiger eines Anspruches die rechtliche Macht zusteht, statt der geschuldeten Leistung eine andere vom Schuldner zu erzwingen. LANGHEINEKEN, der im übrigen die Möglichkeit einer facultas alternativa auf der Seite des Gläubigers einräumt, ist so viel Recht zu

[1] OPET a. a. O. Anm. 7 zu § 1345.
[2] WIERUSZOWSKI a. a. O. II S. 16 Anm. 14.
[3] COSACK a. a. O. § 288 II, 5, a (S. 481).
[4] ENDEMANN a. a. O. § 160 a Anm. 33 (S. 167).
[5] LANGHEINEKEN, Anspruch und Einrede, S. 33, 34 und S. 206 Anm. 1.

geben, daß es sich bei dem in § 1345 bestimmten Entscheidungsrechte nicht um einen Anspruch selbst handelt, und daß sich aus der Nichtigkeit als Folgen derselben und aus der Geltendmachung des Rechts aus § 1345 nicht mit Notwendigkeit Ansprüche ergeben müssen. Die facultas alternativa des Gläubigers ist allein auch noch kein Anspruch, sie bedeutet vielmehr nichts weiter als die dem Gläubiger eingeräumte Möglichkeit, gegebenenfalls einen Anspruch zu begründen (oder zu beseitigen) und durch den begründeten den bestehenden Anspruch zu ersetzen.[1] Aus der Ausübung der in § 1345 bestimmten Befugnis werden sich aber in der Regel auch, wie namentlich hinsichtlich der Auseinandersetzung, Ansprüche ergeben, in welchen Beziehungen dann aber auch nach den Grundsätzen der Nichtigkeit Ansprüche erwachsen sein würden, und doch auch nur für die Fälle, daß Rechtsfolgen eintreten, Ansprüche sich ergeben, gewinnt die in § 1345 gegebene Alternative rechtlich eine Bedeutung. Es erscheint daher durchaus gerechtfertigt, auch für die in § 1345 dem gutgläubigen Ehegatten eingeräumte Berechtigung, an die Stelle des ohne weiteres nach den Grundsätzen der Nichtigkeit eingetretenen Rechtszustandes mit den daraus sich ergebenden Folgen in vermögensrechtlicher Beziehung die Beurteilung der Rechtslage nach den Grundsätzen des Scheidungsrechtes mit den darnach erwachsenden Ansprüchen zu setzen, das Vorliegen einer facultas alternativa anzunehmen. Auch nur ein Vergleich der Befugnis des gutgläubigen Ehegatten nach § 1345, statt der einen rechtlichen Gestaltung des Verhältnisses der Ehegatten zueinander in vermögensrechtlicher Beziehung eine andere zu bestimmen, mit dem Rechtsgebilde der facultas alternativa läge aber wohl näher als der dem öffentlichen Rechte, dem Völkerrechte, entnommene Vergleich Endemann's mit einem Optionsrechte.

II. Stellt es der § 1345 dem gutgläubigen Ehegatten frei, statt der an sich nach den Grundsätzen der Nichtigkeit eintretenden Folgen eine Beurteilung des Verhältnisses zu dem anderen Ehegatten in vermögensrechtlicher Beziehung nach den Grundsätzen des Scheidungsrechtes zu verlangen, sodaß die aus

---

[1] Vgl. Gernsheim a. a. O. S. 23, 26.

dieser Beurteilung sich ergebenden Ansprüche erst gegeben sind, wenn der berechtigte Ehegatte von der ihm eingeräumten Befugnis Gebrauch macht, so läßt der § 1351 bei Vorliegen der Voraussetzungen für seine Anwendbarkeit für den die Ehe nach § 1350 anfechtenden Ehegatten der früheren Ehe unmittelbar eine Verpflichtung zur Gewährung von Unterhalt dem anderen Ehegatten gegenüber nach den für die Scheidung geltenden Vorschriften der §§ 1578 bis 1582 eintreten. Es handelt sich sonach hier für den berechtigten Ehegatten um einen kraft Gesetzes erwachsenden Anspruch.

§ 8.

C. Die Anwendbarkeit des früheren Rechts.

Am Ende der Einleitung wurde darauf hingewiesen, daß die früheren Rechte noch eine praktische Bedeutung insofern besitzen, als sie auch heute noch zur Anwendung gelangen können. In Betracht kommen kann eine Anwendbarkeit des bisherigen Rechts natürlich nur für solche Ehen, die bereits vor dem Inkrafttreten des Bürgerlichen Gesetzbuches, vor dem 1. Januar 1900 geschlossen worden sind, da auf die nach diesem Zeitpunkte eingegangenen Ehen ausschließlich die Vorschriften des Bürgerlichen Gesetzbuches Anwendung finden müssen. Für das gegenseitige Verhältnis der Ehegatten einer vor dem Inkrafttreten des Bürgerlichen Gesetzbuches geschlossenen nichtigen oder ungültigen Ehe enthält nun zwar das Einführungsgesetz zum Bürgerlichen Gesetzbuche (EG. z. BGB.) keine ausdrückliche Bestimmung über die Anwendbarkeit des früheren Rechts, wie es sie für die eine Ausnahme von der grundsätzlichen Rechtslage bei Nichtigkeit der Ehe, die rechtliche Stellung der Kinder aus einer vor dem 1. Januar 1900 geschlossenen nichtigen oder ungültigen Ehe, in Art. 207 EG. z. BGB. trifft. Daß jedoch auch für das Verhältnis der Ehegatten zueinander — wie auch für das Verhältnis zu Dritten — bei früheren Ehen das bisherige Recht anwendbar bleibt, ergibt sich aus der Vorschrift in Art. 198 Abs. 1 EG. z. BGB. Der Art. 198 Abs. 1 EG. z. BGB. bestimmt, daß die Gültigkeit einer vor dem Inkrafttreten des Bürgerlichen Gesetzbuches geschlossenen Ehe sich nach den bisherigen Gesetzen bemißt. Daraus folgt, daß, wie die Nichtigkeit oder Ungültigkeit der Ehe, auch die aus der Nichtigkeit oder Ungültigkeit sich ergebenden Folgen nach dem bisherigen Rechte zu beurteilen sind. Die Motive zu dem Entwurfe eines Einführungsgesetzes zum Bürgerlichen Gesetzbuche[1] erkennen dies auch ausdrücklich an. Und dies gilt für das — hier allein zu erörternde — Verhältnis der Ehegatten zueinander nicht nur, wenn die Ehe noch unter dem alten Rechte für nichtig oder ungültig erklärt worden ist, sondern auch dann, wenn die nach dem früheren Rechte geschlossene Ehe noch nach dem Inkrafttreten des Bürgerlichen Gesetzbuches fortgedauert hat und erst unter der Herrschaft des Bürgerlichen Gesetzbuches für nichtig erklärt worden ist. Soweit jedoch eine nach dem bisherigen Rechte nichtige oder ungültige Ehe nach der — von der zweiten Kommission aus Rücksichten auf die Billigkeit eingefügten[2] — Vorschrift in Art. 198 Abs. 2 EG. z. BGB., durch die an der Bestimmung in Absatz 1 desselben Artikels nichts geändert worden ist, durch den Eintritt des neuen Rechts zu einer gültigen geworden ist, — was erfolgte, wenn die Ehegatten zur Zeit des Inkrafttretens des Bürgerlichen Gesetzbuches noch als Ehegatten miteinander lebten und der Grund, auf dem die Nichtigkeit oder Ungültigkeit beruhte, nach den Vorschriften des Bürgerlichen Gesetzbuches die Nichtigkeit oder die Anfechtbarkeit der Ehe nicht zur Folge hatte oder diese Wirkung verloren hatte —, ist für die Anwendbarkeit des bisherigen Rechts kein Raum. Denn die infolge der Vorschrift des Abs. 2 des Art. 198 EG. z. BGB. eintretende Konvaleszenz der Ehe wirkt auf die Zeit der Eingehung der Ehe zurück, die zu einer gültigen gewordenen Ehe steht daher einer von vornherein gültig abgeschlossenen Ehe gleich und ist gleich dieser zu behandeln.

Daß sich für die auch unter der Herrschaft des Bürgerlichen Gesetzbuches nichtig oder ungültig bleibenden Ehen die sich aus

---

[1] Vgl. Motive zum EG. z. BGB. S. 279.

[2] Vgl. Protokolle Bd. VI S. 526, 634, 653.

der Nichtigkeit oder Ungültigkeit für das Verhältnis unter den Ehegatten ergebenden Folgen nach dem früheren Rechte bestimmen, gilt insbesondere auch von den erbrechtlichen Wirkungen und von der Frage, ob auch für den Fall, daß beide Ehegatten bei Eingehung der Ehe sich in gutem Glauben befunden haben, die Wirkungen eintreten, die das frühere Recht in diesem Falle an die nichtige oder ungültige Ehe knüpft. So verbleibt z. B bei einer nach sächsischem Rechte zu beurteilenden nichtigen Ehe dem gutgläubigen Ehegatten, der bis zum Tode des anderen Ehegatten in redlichem Glauben gestanden hat, das ihm nach § 2054 sächs. BGB. zustehende gesetzliche Erbrecht, auch wenn die Ehe erst nach dem Inkrafttreten des Bürgerlichen Gesetzbuches durch den Tod des anderen Ehegatten aufgelöst wird. Läßt ferner das bisherige Recht, wie z. B. das gemeine Recht, bei Gutgläubigkeit beider Ehegatten alle rechtlichen Wirkungen einer gültigen Ehe eintreten, so bestimmt sich die Stellung der gutgläubigen Ehegatten zueinander nach dem alten Rechte.

Thiesing[1] will hier einen Unterschied darnach machen, ob das maßgebende frühere Recht den gutgläubigen Ehegatten die gleiche Stellung wie den wahren Ehegatten einräumt oder zugunsten der Putativehegatten nur einzelne bestimmte Wirkungen einer gültigen Ehe mit der nichtigen Ehe verknüpft. Im ersteren Falle sollen sich die persönlichen Rechtsbeziehungen zueinander, insbesondere die gegenseitige Unterhaltspflicht der Ehegatten, sowie das Erbrecht, sofern es sich nicht als Wirkung des Güterstandes darstelle und daher nicht nach dem bisherigen Rechte zu beurteilen sei (vgl. Art. 200 Abs. 1 S. 2 EG. z. BGB.), da die Ehegatten dann wie Ehegatten einer vollgültigen Ehe zu behandeln seien, vom 1. Januar 1900 ab gemäß den Art. 199 und 213 EG. z. BGB. bestimmen, während die güterrechtlichen Verhältnisse, soweit nicht nach dem betreffenden Rechte Überleitungsvorschriften in Betracht kämen, wie bei in vollgültiger Ehe lebenden Ehegatten nach Art. 200 EG. z. BGB. dem früheren Rechte unterstellt bleiben sollen. Stelle dagegen das maßgebende alte Recht die Putativehegatten nur in einzelnen bestimmten Beziehungen

[1] Vgl. Thiesing a. a. O. S. 241f.

den wirklichen Ehegatten gleich, so könnten die Art. 199, 213 EG. z. BGB., da diese voraussetzten, daß e sich um Ehegatten aus gültigen Ehen handle, nicht zur Anwendung gebracht werden, vielmehr behalte es in diesem Falle bei den nur die einzelnen Rechte einräumenden Vorschriften des bisherigen Rechts sein Bewenden.

Dieser Ansicht kann nicht beigetreten werden. Es ist kein Grund einzusehen, eine verschiedene Behandlung Platz greifen zu lassen, je nachdem nun das frühere Recht als Folgen der Nichtigkeit oder Ungültigkeit der Ehe die Wirkungen einer gültigen Ehe in vollem oder nur in mehr oder weniger geringerem Umfange eintreten läßt. Wenn Thiesing glaubt, zu seinem Ergebnisse aus der Erwägung heraus kommen zu müssen, daß, lege das in Anwendung zu bringende alte Recht der putativen Ehe die Wirkungen der wahren Ehe bei, die Ehegatten wie wahre Ehegatten anzusehen und demnach den Art. 199, 213 EG. z. BGB. zu unterstellen seien, so wäre nicht recht ersichtlich, warum die Ehegatten denn nicht auch dann, wenn das alte Recht sie, wenn auch nur in einzelnen Beziehungen wirklichen Eheleuten gleichstellt, soweit diese Beziehungen unter die angezogenen Gesetzesbestimmungen fallen, diesen Bestimmungen unterstellt werden sollten. Die Art. 199, 213 EG. z. BGB. können aber gar keine Anwendung finden, da sie, wie auch Thiesing richtig hervorhebt, voraussetzen, daß es sich um Ehegatten aus gültigen Ehen handelt. Wie Thiesing will übrigens auch Habicht,[1] der aber sonst, wie für die Folgen der Nichtigkeit überhaupt, insbesondere auch für die erbrechtlichen Folgen das alte Recht allein für maßgebend erklärt, in dem Falle, daß nach dem früheren Rechte die Putativehe die vollen Wirkungen einer gültigen Ehe hatte, dem gutgläubigen Ehegatten bei Auflösung der Ehe durch den nach dem 1. Januar 1900 eintretenden Tod des anderen Ehegatten das gesetzliche Erbrecht des § 1931 BGB. zubilligen. Bei dem Fehlen einer ausdrücklichen Vorschrift des Einführungsgesetzes zum Bürgerlichen Gesetzbuche können jedoch die — den Ehegatten auch günstigeren — Bestimmungen des Bürgerlichen Gesetz-

[1] Habicht a. a. O. S. 532.

buches für den Inhalt und Umfang der sich als Folgen der Nichtigkeit nach der früheren Rechtsordnung beurteilenden gegenseitigen Rechte und Pflichten der Ehegatten nicht, auch nicht auf dem Umweg über das alte Recht, für maßgebend erachtet werden.[1]

§ 9.

Schlußbetrachtung.

Werfen wir zum Schlusse noch kurz die Frage auf, ob der Gesetzgeber mit der in § 1345 getroffenen Regelung der Frage, ob und inwieweit bei Nichtigkeit der Ehe dem guten Glauben eines der Ehegatten oder beider Ehegatten zur Zeit der Eheschließung ein Einfluß auf das Verhältnis der Ehegatten zueinander einzuräumen sei, eine vollbefriedigende Lösung gefunden hat. Hier muß vor allem der vom Gesetze eingenommene Standpunkt, daß bei Gutgläubigkeit beider Ehegatten unbedingt die vollen Wirkungen der Nichtigkeit eintreten, als den Billigkeitserfordernissen nicht genügend Rechnung tragend erscheinen. Für den Fall, daß beide Ehegatten bei Eingehung der Ehe in gutem Glauben gewesen sind, jedem der Ehegatten das Recht aus § 1345 zu geben, halten die Motive[2] aus dem Grunde für nicht empfehlenswert, weil alsdann jeder der Ehegatten den anderen nötigen könnte, statt der Regel gemäß die ihm vielleicht günstigen Wirkungen der Nichtigkeit in Anspruch zu nehmen, seinem Interesse entgegen sich so behandeln zu lassen, wie wenn die Ehe gültig, aber geschieden wäre. Da es sich darum handele, dem gutgläubigen Ehegatten eine Wohltat zu erweisen, so dürfe die letztere demselben nicht aufgedrängt und gegenüber der Regel der Ausnahme nicht das Übergewicht zugestanden werden. Bei der Art und Weise, wie der Gesetzgeber das Recht nur für den einen gutgläubigen Ehegatten in § 1345 gestaltet hat, mögen diese Erwägungen zutreffend sein. Allein es fragt sich doch eben,

---

[1] Vgl. hierzu auch Planck a. a. O. Anm. 7 zu Art. 198 EG. z. BGB., Niedner a. a. O. Anm. II, 2 zu Art. 198 EG. z. BGB., Neumann a. a. O. Note II, 4, b zu Art. 198 EG. z. BGB.; ferner auch Lewin a. a. O. S. 34 Anm. 3.

[2] Vgl. Motive Bd. IV S. 67, 68.

ob sich nicht für diesen Fall eine andere Regelung hätte finden lassen, durch die den auch bei Gutgläubigkeit beider Ehegatten gegebenen Billigkeitsrücksichten Rechnung getragen worden wäre. Der Grund, den die Motive gegen eine Ausdehnung der Wirkungen einer gültigen Ehe überhaupt, auch auf den Fall beiderseitiger Gutgläubigkeit der Ehegatten, wie sie z. B. im gemeinen Rechte und im sächsischen Bürgerlichen Gesetzbuche Anerkennung gefunden hat[1], anführen, nämlich daß durch eine solche Ausdehnung leicht Rechte Dritter verletzt werden und bedenkliche Verwickelungen für die nicht seltenen Fälle der Bigamie entstehen könnten, dürfte nicht durchschlagend sein, zumal doch diese Befürchtungen auch gegeben sind, wenn nur ein Ehegatte gutgläubig war und hier zu dessen Gunsten das Gesetz mit der nichtigen Ehe Wirkungen einer vollgültigen Ehe verknüpft.[2] Für den Fall, daß beide Ehegatten sich bei Schließung der Ehe in gutem Glauben befanden, etwa jedem der Ehegatten wenigstens die einem bei Scheidung der Ehe für unschuldig erklärten Ehegatten zustehenden Ansprüche der §§ 1578 bis 1582, 1584 einzuräumen, wäre wohl durchführbar gewesen. Es war auch in der 2. Kommission ein Antrag dahin gestellt worden, im Falle beiderseitiger Gutgläubigkeit jedem Ehegatten einen Unterhaltsanspruch gegen den anderen Ehegatten in dem Umfange, wie er nach erfolgter Scheidung der Ehe dem unschuldigen gegenüber dem für allein schuldig erklärten Ehegatten zustehe, zu gewähren. Der Antrag wurde indessen von der Mehrheit der Kommission abgelehnt und hierbei als entscheidend gegen den Antrag angesehen, „daß die Fälle der Nichtigkeit bei beiderseitiger Gutgläubigkeit sehr selten seien.“[3] Aber auch für den vom Gesetze geregelten Fall der Gutgläubigkeit nur des einen Ehegatten zur Zeit der Eingehung der Ehe hätten sich vielleicht in einzelnen Beziehungen die Grenzen zum Schutze des gutgläubigen Ehegatten weiter ziehen lassen, ohne daß dadurch die Würde und das Ansehen der Ehe gefährdet worden wäre.

---

[1] Vgl. oben § 2.

[2] Vgl. Hachenburg a. a. O. S. 291.

[3] Vgl. Protokolle Bd. IV S. 70, 532, 534.

FSC
www.fsc.org
MIX
Papier | Fördert gute Waldnutzung
FSC® C083411

Kolibri 360 GmbH
Ferdinand-Jühlke-Straße 7
99095 Erfurt, Deutschland
produktsicherheit@kolibri360.de